たのしくできる！
密にならずに みんなであそべる
保育のネタ集

自由現代社

本書の特長

　新型コロナウイルスの感染が懸念される昨今、保育園や幼稚園という場所は、場合によっては3密（密閉、密集、密接）になりやすい環境かもしれません。園生活では本来、子どもたちは集団活動をし、みんなで一緒にルールを守りながらさまざまな活動をしたり、体を触れ合いながらあそんだりすることで、社会性や協調性を育んでいきます。しかし、それらはともすれば3密になりがちです。ですが、工夫次第では3密を回避し、安全に安心に活動やあそびを行うことができます。

　本書では、密を避けながら楽しくあそべるあそびのアイディアだけを集めました。しかも、手軽に簡単にできるあそびだけを厳選しています。さらに、一部のあそびにはかわいらしいイラストの型紙がついており、拡大コピーして簡単に使えるようになっています。なお、本書で取り上げた人物イラストは、わかりやすいようにマスクを省いておりますが、園で実際に行う際には、マスクを着用するようにしましょう。

　また、密にならないアイディアや、感染予防のための工夫などをP.4～7にまとめています。園の中での3密回避や感染予防のために、お役立ていただければ幸いです。

たのしくできる！
密にならずに
みんなであそべる
保育のネタ集

CONTENTS

「密にならないアイディアや感染予防について」……………………………………………… 4

● 運動あそび ………………………………………………………………………………… 8

● ゲームあそび ……………………………………………………………………………… 38

● 工作あそび ………………………………………………………………………………… 68

● 手・歌あそび ……………………………………………………………………………… 94

型紙集…………………………………………………………………………………………… 122

運動あそび 密にならずに、かつ子どもたちが思い切り体を動かして楽しめるあそびを取り上げています。ふたりで行うもの、数人で行うもの、みんなで行うものなど、バリエーション豊かなあそびです。

ロープでぎったんばっこん……………… 8

ロープをジャンプ！……………………… 10

ジャンプでポーズ………………………… 12

ラップの芯で風船飛ばし………………… 14

みぎひだり巨大迷路……………………… 16

さわらないでいこう……………………… 18

なわとびリレー…………………………… 20

新聞紙を落とすな！……………………… 22

いも掘りリレー…………………………… 24

動物ものまね競争………………………… 26

おはじきリレー…………………………… 28

新聞紙ですすめ！………………………… 30

うちわで風船運びリレー………………… 31

箱をけってすすめ！……………………… 32

ヘビなわとび……………………………… 33

トンネルくぐり…………………………… 34

マットあそび……………………………… 36

ゲームあそび

体を動かしたり、ジャンケンをしながら行ったり、ちょっぴり頭を使ったりするなど、多岐に渡るゲームあそびです。いずれも、子どもたちが接触せずに、楽しく行えるものばかりです。

紙テープで色あて	38	おもしろジャンケン	52
しりとりでボールけり	40	ブラブラまねっこ	54
手をあげて足あげて	42	口パク伝言ゲーム	56
お手玉投げ競争	44	動物○×クイズ	58
グルグルパッ！	46	隠れているものなあに？	60
ハナハナハナ	48	お店並べ替え競争	62
ジャンケンマラソン	49	お話づくり	64
お開きジャンケン	50	俳句ごっこ	66
変身ジャンケン	51		

工作あそび

子どもたちが創意工夫をしながらつくることができ、なおかつ、つくった後に楽しくあそべる工作を取り上げています。密にならずに、しかも、みんなでつくる楽しさ、つくったものであそぶ楽しさを味わうことができます。

牛乳パックゴマ	68	ジャンプ！キャッチ！	78
紙皿でんでんだいこ	69	紙コップけん玉	80
動物カスタネット	70	新聞紙ヨーヨー	82
ペットボトルマラカス	71	紙皿ゴマ	83
飛べ！ひこうせん	72	ファッションショー	84
パクパクガエル	74	忍者ごっこ	88
ゆらゆら人形	76		

手・歌あそび

子どもたちが接触せずに行え、リズミカルで簡単に行えるものを集めました。お集まりの時間、何かを行う前、お帰りの時間など、ちょっとした時間に行えるものばかりです。歌うときは、全員が同じ方向を向くようにしましょう。

ウサギとカメ	94	石焼きいも	108
おなかのへるうた	96	まほうのつえ	110
おいしいピッタンコ	98	山小屋いっけん	112
チョキチョキダンス	100	にもつ持ち帰りのうた	114
どっちにしようかな	102	いちべえさんとごんべえさん	116
動物変身ダンス	104	パンパンパン	118
たこ焼き	106	おはなしゆびさん	120

密にならないアイディアや感染予防について

　ここでは、園の中で子どもたちが集団で活動やあそびを行う際に、できるだけ密にならないためのアイディアや、感染予防についてのポイントを紹介しています。

① ジョイントマットの活用

　子どもたちを整列させたり、輪に並ばせたりする際に、子ども同士が接触しないために、ジョイントマットを使用することがお勧めです。ジョイントマットとは、ジグソーパズルのように組み合わせて使うマットです。さまざまな形や大きさのものがありますが、園児が使うものとしては、２５〜３０センチ四方のものがいいでしょう。柄や数字が型抜かれているものなどがかわいらしく、子どもたちには人気です。

<ジョイントマット例>

　整列させる場合は、両手でジョイントマットを持って手を伸ばすことで、前後の子どもと接触せず、十分に距離を開けることができます。なお、保育者の笛の合図で、子どもたちはジョイントマットを床に敷いて、その上に座ることもできます。

また、輪になって並ばせる場合は、手をつなぐ代わりに、片手でジョイントマットを持ち、両手を伸ばします。

いす取りゲームをする場合なども、ジョイントマットを手に持ちながらいすのまわりを歩き、いすに座るときは、まずマットをいすに置いてから座るようにします。そうすることで、子ども同士が接触せず、また複数の子どもが直接いすに座らないために、衛生的です。

なおジョイントマットは使い終わったらしっかり消毒しましょう。

❷ お集まりや歌うときなどの工夫

園児は、「離れて立って」と促しても、何かしら目印がないと、なかなか難しいものです。密にならずに、子どもたち全員が保育者の顔を見られるために、子どもたちが前後に重ならず、距離を離して立てる、あるいは座れる場所にビニールテープを貼っておくといいでしょう。また、全員が前を向くことで、声を出して歌う際なども、感染予防になります。なおお屋外の場合は、フープなどを使って、立つ場所を決めるといいでしょう。

ビニールテープ

　テーブルを使うお弁当や制作の時間は、子ども同士が対面にならないように、座ってはいけない場所に×印をつけておきます。子どもたちは、×印のついていない場所に自分のいすを持っていき、座ります。

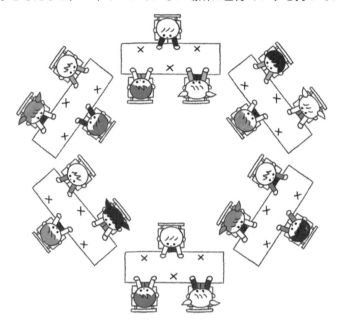

　あるいは、年少児の場合などは、座ってもいい場所に絵カードなどを置くようにしてもいいでしょう。絵カードは、あらかじめ各子どもの絵を決めておき、靴箱やロッカーなどにもそれぞれの絵のシールを貼っておき、絵カードも同じ絵を使用すると、子どもが迷わないでしょう。絵は、ヒヨコ、ネコ、ウサギ、カエル、ロケット、ヘリコプターなど、子どもが好きな絵を選ぶといいでしょう。

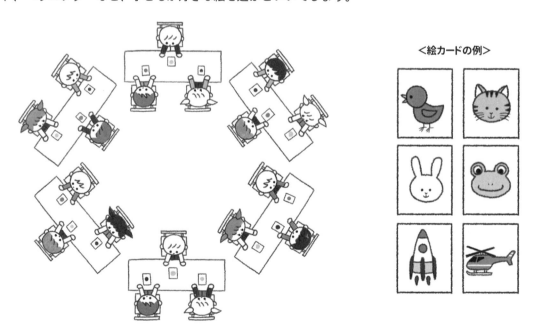

<絵カードの例>

制作をしたり絵を描いたりする場合は、子どもたちは対面にならずに、なおかつ全員が保育者を見られるように、右図のように座るといいでしょう。その場合も、同様に座ってはいけない場所に×印をつけておくか、座ってもいい場所に絵カードを置くようにします。

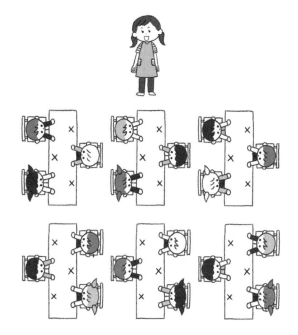

❹ 綱引きなど

子ども同士が接触・接近しやすい綱引きなどは、子どもが持つ部分にビニールテープやリボンなどで目印をつけておきます。

目印

❺ その他の感染対策

子ども同士の接触防止以外に、下記の点などにも注意して、感染予防をしましょう。

★ あそびやお弁当の時間の前後には必ず手洗い・うがいを行いましょう。

★ 屋内では、窓を開けて常に空気の入れ替えをしましょう。

★ トイレの出入り口には、除菌マットを敷いておき、トイレから出たら、除菌マットを踏むようにしましょう。除菌マットは毎日交換して洗い、清潔なものを使用します。なお除菌マットがない場合は、普通のマットに除菌スプレーをかけて使用するといいでしょう。

★ 夏の暑い日などは、長時間マスクをつけたままあそんでいると、熱中症にかかってしまう可能性があります。そんなときは、ときどき休憩をしてマスクを外し、十分に水分補給をするようにしましょう。なお、マスクを外すときは、「友だちと会話しない」というルールを設けるといいでしょう。

ロープでぎったんばっこん

内容 ふたり一組で向かい合って座り、ロープを輪にしたものを交互に引っ張り合ったり、左右や上下に動かしたりします。

あそび ①

1 ふたり一組になり、少し離れて足を広げて向かい合って座ります。

2 1〜1.5メートルくらいのロープを輪にし、ふたりが両手で持って、「ぎったん」「ばっこん」と言いながら交互に引っ張り合います。

ぎったん

ばっこん

あそび ②

「ぎったん」「ばっこん」と言いながら、左右に引っ張って揺れます。

あそび ③

「ぎったん」「ばっこん」と言いながら、交互に上下に引っ張り合います。

Advice

★ ふたりが座る位置は、ロープを引っ張ったときに、ふたりの両腕が伸びるくらいの距離がいいでしょう。

★ 「ぎったんばっこん」は、「ぎっこんばったん」という言葉に代えてもいいでしょう。

ロープをジャンプ！

内容 保育者がまわすロープを、輪になった子どもたちが跳んでいきます。

あそび ①

1 3〜4メートルくらいのロープを用意し、片方の先を結んでおきます。

2 子どもたちは、6〜7人が離れて輪になって立ちます。このとき、一人ひとりの距離は1メートル以上離します。保育者は中心に立ち、ロープの先を結んでいない方を持って地面と平行に反時計まわりにまわし、子どもたちは足元にロープがきたら、両足でジャンプして跳び、両足で着地します。

1メートル以上

両足で着地

あそび②

あそび① と同様に保育者がロープをまわし、子どもたちは、両足でジャンプして跳び、片足で着地します。

片足で着地

★ 保育者は、はじめはゆっくりロープをまわしましょう。慣れてきたら、少しずつ速くまわすといいでしょう。
★ ロープをまわす役を子どもにやってもらい、跳んだときに足が引っかかった子が次にロープをまわす役をするようにしてもいいでしょう。

ジャンプでポーズ

内容 ケンケンパをしながらフープを跳んだり、ジャンプをしながら両足でフープを跳んでいき、最後に好きなポーズをします。

あそび ①

1 ケンケンパ ケンケンパとなるように、床にまっすぐフープを置きます。

2 ひとりずつ、片足→片足→両足・・・とフープを跳んでいきます。

3 最後の「パ」で両手を上げます。

あそび②

1 7～8個のフープを、ひとつずつつながるようにジグザグに置いていきます。

2 ひとりずつ、両足をそろえてフープを跳んでいきます。

3 最後のフープに着地したら、好きな
ポーズをします。他の子どもたちは
拍手をします。

Advice

★ ひとりが終わってから、次の子どもが行うようにしましょう。

★ フープは直径28センチくらいの小さいものを使用しましょう。

★ 外で行う場合は、フープを使わずに地面に丸を描いて同様に行いましょう。

ラップの芯で風船飛ばし

内容 ラップの芯を1本または2本使って、ふたりが交互に打ち合います。

あそび①

1 ふたり一組になり、1.5～2メートルくらい離れて向かい合って立ちます。

2 ふたりとも、片手にラップの芯を1本持ち、ラップの芯で風船を打ち合います。

持つラップの芯を２本にして、両手で１本ずつ持ち、２本の芯で風船を打ち合います。

運動あそび

あそびの
発展

★ ふたり一組を1チームとして、いくつかのチームで同様に風船打ちをして、最後まで風船を落とさなかった
チームを勝ちとしてもいいでしょう。

★ ラップの芯は、1本より2本で打つ方が難しいので、〈 あそび② 〉 では、必ず2本のラップの芯で打つよ
うにしましょう。

運動あそび ✂ 型紙あり　P.122

みぎひだり巨大迷路

内容 床に描いた迷路をひとりずつ歩いて進み、指示通りに進むとゴールへたどり着き、間違えると行き止まりになります。右左を認識しながら巨大迷路を進むワクワク感いっぱいのあそびです。

あそびかた

1 型紙の「スタート」「ゴール」「みぎへすすめ」「ひだりへすすめ」「いきどまり」を厚紙に拡大コピーして、色づけして切り取ります。「みぎへすすめ」「ひだりへすすめ」「いきどまり」は、迷路で使用する必要枚数分用意します。

2 下記の迷路案を参考に、床にビニールテープを貼り、巨大迷路をつくります。スタートとゴール地点は四角で囲み、それぞれ型紙の「スタート」「ゴール」を貼ります。また、迷路の分岐点には、指示通りに進むとゴールへたどり着くように、型紙の「みぎへすすめ」「ひだりへすすめ」を貼ります。また、行き止まりには「いきどまり」の型紙を貼ります。

> 迷路案①

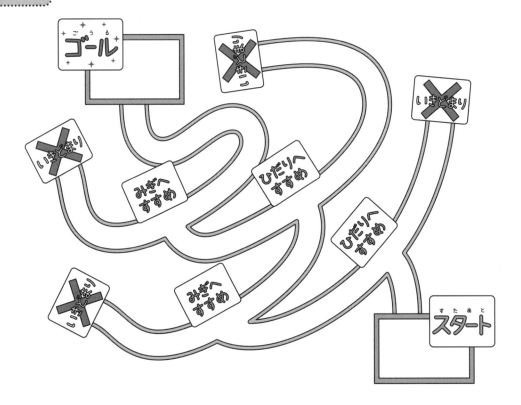

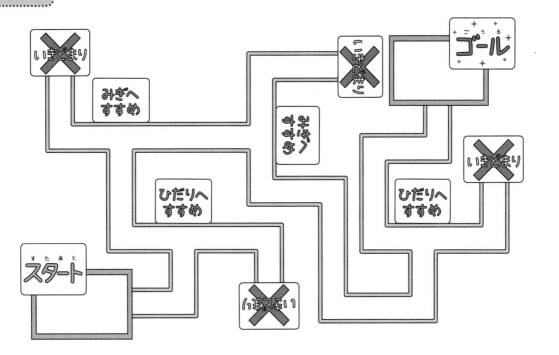

3 子どもは、ひとりずつスタートからゴールを目指して、歩いて迷路を進みます。ある程度進んだところで、次の子どもがスタートします。全員が間隔をおいて進みます。

さわらないでいこう

内容 園庭に引かれた白線を進み、遊具には触れないように戻ります。

あそびかた

1 ラインを決め、ラインから園庭にある遊具すべてを通るように白線を引き、ラインに戻ります。

2 間隔をあけてひとりずつ歩いて白線に沿って進み、遊具には触れないように戻ってきます。

ライン

③ 次は、3～4人で一組のチームをいくつかつくります。チームで順番を決め、ひとりずつ走って白線に沿って進み、遊具には触れないように戻り、次の人に交代して次々リレーをします。

④ 全チームがリレーをして、一番タイムの短かかったチームの勝ちです。

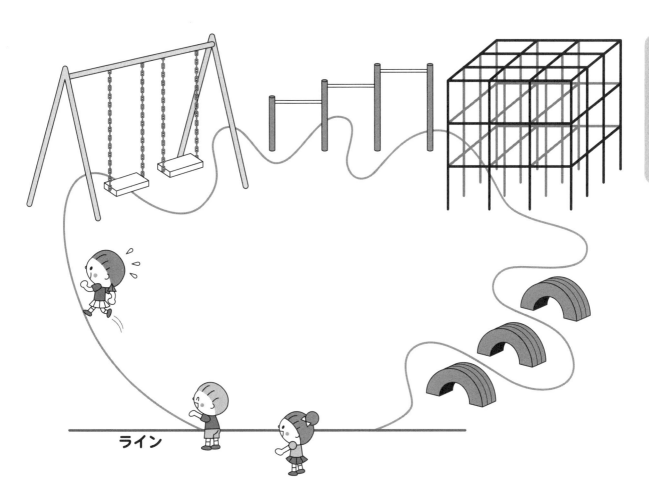

ライン

運動あそび

★ 子ども同士が接近しないように、十分間隔をあけて行いましょう。

★ チーム戦にする際は、前の子がスタートしてから何秒後に次の子がスタートすると決めておき、保育者はストップウオッチで秒数を計りながら、順次スタートの合図を出すといいでしょう。

なわとびリレー

内容 いくつかのチームで、なわ跳びをしながら進むリレーです。

あそびかた

1 3〜5人で一組のチームを何チームかつくります。チームごとになわ跳び用のなわをひとつ用意します。スタートラインから離れたところには、丸を描いておきます。

2 保育者の笛の合図で、一斉になわ跳びをしながら進みます。

スタート

3 丸のところまできたら、丸の中で１０回なわ跳びをし、再びなわ跳びをしながら戻り、次の人に替わります。

4 次々リレーをし、最初に全員がゴールしたチームの勝ちです。

スタート

★ なわ跳びをしながら進むときに、なわに引っかかって転ばないように注意しましょう。

★ あそんだ後は、しっかりと手を洗いましょう。

新聞紙を落とすな！

内容 新聞紙を胸につけたり背中に載せてたりして、落とさないように進みます。

準備するもの 新聞紙、コーン

あそび ①

1 3〜5人ずつのチームを2〜3チームつくります。チームに一枚、新聞紙を用意します。

2 スタートラインから離れたところにコーンを置いておきます。

3 先頭の子どもは、新聞紙を二ツ折りにして胸にあて、保育者の合図で手を放して、遠心力で新聞紙が落ちないように走ります。

4 コーンをまわって戻り、次の人に替わります。

5 次々にリレーをして、最初にゴールしたチームの勝ちです。

あそび②

❶ あそび① の ❶ 、❷ は同様です。先頭の子どもは、四つんばいになって、四ツ折りにした新聞紙を背中に載せ、保育者の合図でハイハイをしながら、新聞紙を落とさないように進みます。

❷ コーンをまわって戻り、四つんばいになった次の人の背中に新聞紙を載せてバトンタッチします。

❸ 次々にリレーをして、最初にゴールしたチームの勝ちです。

運動あそび

あそびの発展

あそび① と あそび② を組み合わせて、チームのひとり目が新聞紙を胸にあてて走り、ふたり目は四つんばいで、新聞紙を背中に載せてハイハイで進む・・・を交互にくり返すルールにしてもおもしろいでしょう。

いも掘りリレー

内容 掘ったいも数で得点を競うリレーです。いもは、茶封筒や新聞紙を使ってつくります。

準備するもの つるにいもをつけたもの（新聞紙や茶封筒、なわなどでつくる）、ござ（大きめのもの）

つるといもの つくりかた

1 茶封筒の中にまるめた新聞紙を詰めて、ホチキスで
とめます。

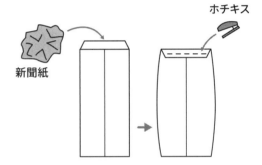

新聞紙　ホチキス

2 茶色とむらさき色の絵の具を混ぜ、**1** にぬり、
乾かします。乾いたら、さつまいもの形にします。

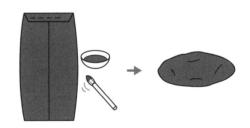

3 **2** でつくったさつまいもを、なわなどにビニールテープなどでしっかりつけます。
なわには、さつまいもを1〜5個つけたものをたくさん用意します。

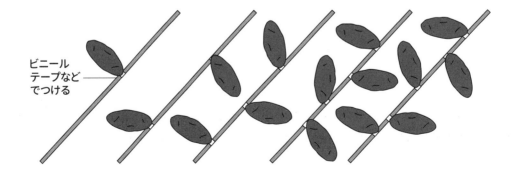

ビニール
テープなど
でつける

あそびかた

1 3～5人ずつのチームを2～3チームつくります。

2 スタートラインから離れたところにいものつるをたくさん並べて、その上にござをかけます。
つるの先をござから外へ出しておきます。

3 先頭の子どもはスタートラインに立ち、ござのところで好きなつるを選んで引っ張ります。
つるを持って戻り、次の人にバトンタッチします。

4 次々にリレーをして、全員がつるを引いてゴールしたら、チームで取ったいもの数を合計し、
最も数の多かったチームの勝ちです。

ござ

Advice

★ いもの中にひとつ金色のいもをつけておき、そのいもを引いた人は何か賞品をもらえるようにしても
おもしろいでしょう。

★ いもは、子どもたちがつくってもいいでしょう。

動物ものまね競争

内容 動物の絵が描かれたサイコロをふって、その動物の真似をしてゴールします。

準備するもの 大きめのサイコロ（各面に、ウサギ、サル、ゾウ、カニ、鳥、魚などを描いたもの）

あそびかた

1 あらかじめ、大きめのサイコロを3〜4個用意しておきます。サイコロの面には、ウサギ、サル、ゾウ、カニ、鳥、魚の絵を描いておきます。

2 スタートラインとゴールラインを決め、スタートラインから少し離れたところにサイコロを置いておきます。3〜4人がスタートラインに並びます。

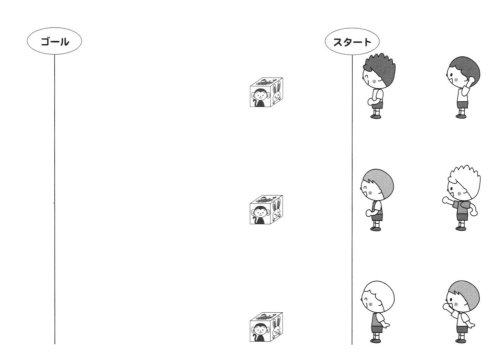

3 保育者の合図で、サイコロのところまで走っていき、サイコロをふります。

4 サイコロで出た面の動物の真似をしながら、ゴールします。

ウサギ

両手で耳をつくり、ウサギ跳び

サル

サルの真似をして、両手を交互に動かす

ゾウ

片手でゾウの鼻をつくり、動かす

カニ

両手でカニの爪をつくり、横歩き

鳥

両手を広げて、鳥のように動かす

魚

両手を前後に広げて、ひらひらさせる

ゴール　　　　　　　　　　　スタート

サイコロに描く絵は、タヌキ、ゴリラ、ペンギンなど、いろいろアレンジしてもいいでしょう。

タヌキ
ゴリラ
ペンギン

おはじきリレー

内容 くじ引き感覚であき缶の中のおはじきを取り、リレーを楽しみます。

あそびかた

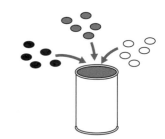

1 あらかじめ、チーム数のあき缶の中に、赤、青、黄色のおはじきをたくさん入れ、スタートラインから離れたところに置いておきます。

2 3〜5人で一組のチームをいくつかつくり、スタートラインに並びます。

3 保育者の合図で、先頭の子どもは缶のところに走っていき、目をつむって缶の中からおはじきをひとつとり出し、「あか！」などと、出たおはじきの色をさけんで、缶に戻します。

あか！

④ 赤いおはじきが出た人は片足ケンケン、青いおはじきが出た人はハイハイ、黄色いおはじきが出た人はしゃがんでカニ歩きをして戻り、次の子どもに替わります。

黄

青

赤

⑤ 次々にリレーをして、最初にゴールしたチームの勝ちです。

Advice

あき缶とおはじきの代わりに、穴をあけた箱に色の違うピンポン玉などを入れてとり出すようにしてもいいでしょう。

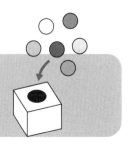

新聞紙ですすめ！

内容 新聞紙の上に乗り、新聞紙が破れないようにジャンプしながら進みます。

あそびかた

1 ひとり一枚ずつ広げた新聞紙の上に乗り、新聞紙の前の方を持ちます。

2 保育者の合図でスタートラインから一斉に、ジャンプしながら新聞紙が破れないように前に進みます。
新聞紙が破れたら、小さくなった新聞紙でできるまで進みます。先にゴールした人の勝ちです。

スタート

ゴール

Advice

新聞紙が破れないようにするには、ジャンプした瞬間に、新聞紙と一緒に前進し、ジャンプと同時に
新聞紙を引くことがポイントです。難しい場合は、各自練習してから競争しましょう。

うちわで風船運びリレー

内容 うちわに載せた風船を落とさないように進むリレーです。

あそびかた

準備するもの うちわ、風船、フープ

1 3〜5人で一組のチームを何チームか
つくります。チームごとにうちわと風船
をひとつずつ用意します。

2 スタートラインから離れたところに、
フープを置いておきます。

3 先頭の子どもは、うちわに風船を載せて
スタートラインに立ち、保育者の合図で、
風船を落とさないように進みます。

4 フープのところまで来たら、フープの中
でうちわで風船を5回つき、再び、風船
を落とさないように戻り、次の人にバト
ンタッチします。

5 次々にリレーをして、最初にゴールした
チームの勝ちです。

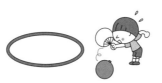

Advice

★ うちわの替わりに、画用紙や板目紙などに風船を載せて進んでもいいでしょう。

★ あそんだ後は、しっかりと手を洗いましょう。

運動あそび

箱をけってすすめ！

内容 段ボール箱をジグザグにけって進むリレーです。

準備するもの 段ボール箱（小さめで立方体に近い形のもの）、コーン、フープ

あそびかた

1 3〜5人ずつのチームを2〜3チームつくります。チームにひとつ段ボール箱を用意します。段ボール箱は、角の部分を布テープなどで補強しておきます。

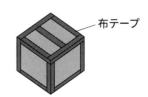
布テープ

2 スタートラインの先にコーンを3つ置き、その先にフープを置いておきます。

3 先頭の子どもはスタートラインに立ち、保育者の合図で、箱をけってコーンをジグザグに進みます。

4 フープのところまで来たら、フープの中で箱を高く持ち上げます。その後、再び箱をけって、コーンをジグザグに進んで戻り、次の人に替わります。

5 次々にリレーをして、最初にゴールしたチームの勝ちです。

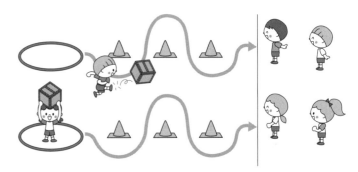

ヘビなわとび

内容 ヘビのように動くなわを跳び越えます。

よこヘビ

保育者ふたりが長なわを持ち、ヘビのように横に揺らします。子どもたちは、ひとりずつそれを跳び越えます。

たてヘビ

長なわをたてに揺らし、子どもたちはひとりずつそれを跳び越えます。

トンネルくぐり 低年齢向け

内容 さまざまな長さや高さのトンネルをくぐって楽しみます。

保育者の準備

準備するもの いす、机、巧技台、カラービニール袋、ガムテープ

いすや机、巧技台などをそれぞれ、2組セットで用意し、間にカラービニール袋をガムテープでつけて、いろいろな長さや高さのトンネルをつくります。

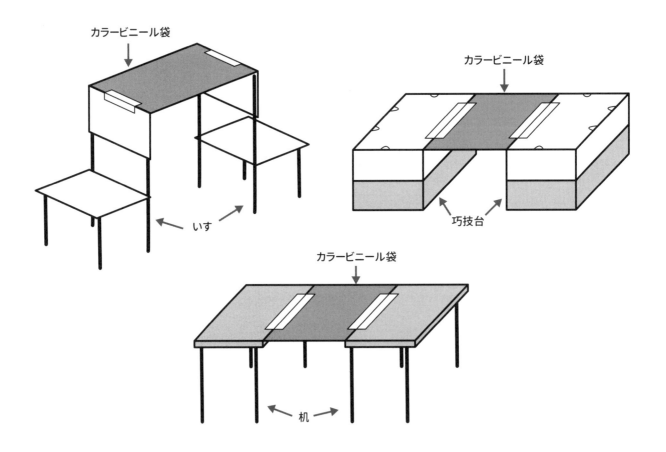

カラービニール袋

いす

カラービニール袋

巧技台

カラービニール袋

机

あそびかた

広い場所に間隔をあけてトンネルを置いたり、つなげて置き、子どもたちは自由にトンネルをくぐります。

★ ビニール袋を使うため、窒息などの事故につながらないよう、保育者は十分に気をつけましょう。

★ 子ども同士の間隔を十分にあけて行うようにしましょう。

運動あそび

マットあそび 低年齢向け

内容 マットを使って、さまざまな動きを楽しみます。

あそび①

マットの上で転がったり、ハイハイしたり、ひざで歩いたりしてあそびます。

あそび②

マットを三つ折りにして、その上によじ登ったりまたがったりしてあそびます。

あそび③

1 マットを巻いて、すずらんテープでしばり、別のマットを乗せます。坂を登って下ります。

2 三角マットにマットを乗せ、坂にします。角度の高い方から登り、なだらかな坂を下ります。

三角マット

運動あそび

あそび④

マットでトンネルをつくり、トンネルをくぐります。

★ マットあそびをするときは、保育者が子どもたちに十分目を配り、くれぐれもけがのないように注意しましょう。

★ 子ども同士の間隔を十分にあけて行うようにしましょう。

紙テープで色あて

内容 4色の紙テープを持ち、保育者が指定するものの色を連想して、その色の紙テープを上に上げていきます。

あそびかた

1 70〜80センチくらいに切った赤・白・緑・黄色の4色の紙テープを子どもがひとりずつ片手に持ち、バラバラに立ちます。

2 保育者は、4色のいずれかの色をイメージするものを指定し、子どもたちはその色を連想して、もう片方の手でその色の紙テープを上に上げます。

ポスト！

3 保育者は、4色のうちの2色以上をイメージするものを指定し、子どもたちはその色を連想して、2色以上の紙テープを同時に上に上げます。

目玉焼き！

赤、白、緑、黄色をイメージするものの例

・【赤】：りんご、いちご、トマト、さくらんぼ、カニ、ポスト、消防車、太陽、信号の「止まれ」・・・他。
・【白】：綿菓子、牛乳、砂糖、塩、小麦粉、生クリーム、うどん、ヨーグルト、雪、雲、画用紙・・・他。
・【緑】：ピーマン、きゅうり、ほうれん草、ブロッコリー、葉っぱ、バッタ、信号の「進め」・・・他。
・【黄色】：バナナ、レモン、オムレツ、プリン、ヒヨコ、キリン、ひまわり、月、信号の「注意」・・・他。

あそびの 発展

★ 発展的に、複数の色があるものを指定し、子どもたちは自由にその色を連想して、その色の紙テープを上に上げるようにしてもいいでしょう（たとえば、「チューリップ」という指定なら、赤・白・黄色・緑のいずれかひとつの紙テープでも、複数の紙テープでもいいものとするなど）。
★ 子どもの中からリーダーを決め、保育者の代わりをリーダーがやってもいいでしょう。

ゲームあそび

しりとりでボールけり

内容 ふたりが向かい合って、しりとりをしながら交互にボールをけり合います。

あそびかた

1 ふたり一組みになり、各組にひとつボールを用意します。2〜3メートルくらい離れた距離で、ふたりが向かい合って立ちます。

2 ひとりが相手に向かって何か言葉を言いながらボールをけります。相手はボールを足でキャッチし、その言葉に続くしりとりの言葉を言いながらボールをけります。これをくり返します。

③ 途中でしりとりの言葉が出てこなかったり、すでに出た言葉を言ったり、「ん」で終わる言葉を言ってしまったら、その子は罰ゲームとして、おもしろい顔をします。

<おもしろい顔>

★ ボールを足でけらずに、手でキャッチボールをして、投げる際にしりとりを言うようにしてもいいでしょう。
★ しりとりの言葉がなかなか出てこないときは、相手がたとえば1〜10の数を数えるなどして、制限時間を設けてもいいでしょう。

手をあげて足あげて

内容 保育者が指定するものに手があるときは手を上げ、ないときは上げないというゲームです。足も同様に行います。

あそび ①

1 保育者は、「○○さん、手を上げて！」と言います。○○に入るものは、手があるものかないものか、紛らわしいものにします。テンポよく次々と○○に入るものを言っていきます。

2 子どもたちは、手があるものだと思ったら手を上げ、ないものだと思ったら手をあげないようにします。

あそび ②

保育者は、「○○さん、足上げて！」と言い、子どもたちは足〈脚〉があるものだと思ったら片足を上げ、ないものだと思ったら足を上げないようにします。○○に入るものは、足〈脚〉があるものかないものか、紛らわしいものにします。

机さん、
脚上げて!

クジラさん、
足上げて!

えっと…

★ 保育者は、○○に入るものをあらかじめ考えておき、テンポよく次々と言うようにするとおもしろいでしょう。
★ 間違えた子どもはゲームから抜けていき、最後まで残った子をチャンピオンにしてもいいでしょう。

お手玉投げ競争

内容 点数が書かれた的にお手玉を投げ、合計得点を競うゲームです。

あそびかた

① 1メートル四方の模造紙などの大きな紙の中心に直径15センチの
円を描き、その円から10センチの幅で合計4つの円を描きます。
中心から10・5・3・1の点数を書き、的にします。

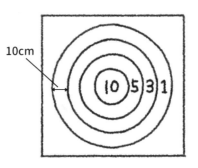

10cm

② 的から2～3メートル離れた四方に4本のラインを引き、4人の子どもが立ちます。足元にそれぞれ
お手玉を5個ずつ用意します。

③ ひとりひとつずつお手玉を手に持ち、的に向かって順番に投げます。ひとりが投げるごとに、保育者はお手玉が落ちた場所を見て、「〇点！」と言います。

④ 全員が5個投げた時点で、合計得点が一番高かった子どもの勝ちとなります。

 Advice

★ お手玉は、子どもごとに色分けしておくと、わかりやすいでしょう。

★ お手玉が点数をまたぐところに落ちた場合は、落ちたお手玉の面積がより大きい方の点数を数えるようにしましょう。

★ 3〜5人で1チームとして4チームつくり、順番にお手玉を投げて、チーム対抗で合計得点を競ってもいいでしょう。

ゲームあそび

グルグルパッ！

内容 「グルグル・・・」でグーにした片手をグルグル動かし、「パッ！」で手のひらを上か下にして、
保育者と同じ子どもが残ります。

あそびかた

❶ 全員が目をつむり、「グルグル・・・」と言いながら、グーにした片手を前に伸ばしてグルグル動かします。

❷ 保育者は、「パッ！」と言いながら、全員が手のひらを上か下に向けます。

❸ 目を開けて、保育者と手のひらの向きが同じだった子は残り、違った子はその場でしゃがみ、ゲームから外れます。これをくり返します。

4 最後まで残った子どもがチャンピオンとなります。

やったー！

ゲームあそび

★ 「パッ!」のときに、腕を上に上げるか下に下げるかして、同様に行ってもいいでしょう。

★ 子どもの中からリーダーを決め、保育者の代わりを子どもにやってもらってもいいでしょう。

ハナハナハナ

内容 模倣と俊敏性を競うゲームです。

あそびかた

1 保育者は、「鼻、鼻、鼻、鼻…」と言いながら、自分の鼻を触り、子どもたちはそれを真似して鼻を触ります。

鼻、鼻、鼻、鼻…

耳、耳、耳…

ビロ〜ン

2 「口、口、口、口…、耳、耳、耳、耳…、目、目、目、目…」と言いながら、保育者は順々にその部分を触っていき、子どもたちは同様に真似していきます。

Advice

保育者が早く言ったり遅く言ったり、わざと間違えたりすると、子どもたちは大喜びします。

口、口…、口、

目?

ジャンケンマラソン

内容 ジャンケンに負けたら、チームみんなで一緒に走ります。

あそびかた

1 4～6人ずつのチームを2チームつくります。各チームでリーダーをひとり決め、スタート地点から離れたところにいすを置いて、リーダーが相手チームの前にくるように座ります。

2 リーダー以外の子どもたちは、スタート地点に一列に並びます。保育者の合図で、先頭の子どもが相手チームのリーダーのところへ走っていき、ジャンケンをします。
勝ったらいすをまわって列に戻り、次の人にバトンタッチします。負けたら、チーム全員を呼んで、みんなでいすをまわって戻ります。同様に全員がジャンケンして、最後の人が先に自分の列に戻ったチームの勝ちです。

勝った場合

負けた場合

ゲームあそび

お開きジャンケン

内容 ジャンケンに負けるたびに、足を少しずつ開いていくあそびです。

あそびかた

① クラス全員であそびます。保育者と全員がジャンケンをし、負けた子どもは絵のように足を一足（90°）ずつ開いていきます。

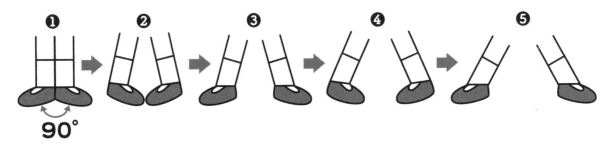

❶ 90° ❷ ❸ ❹ ❺

② 足がそれ以上開けなくなったら、その場に座ります。最後まで開いていられた人の勝ちです。

いたたた…

チョキー

変身ジャンケン

内容 ジャンケンをして、カメ・ウサギ・人間に変身するあそびです。

あそびかた

1 赤白の帽子などをかぶり、クラスを2チームに分けます。全員がハイハイ状態になって「カメ」になります。

2 保育者の合図で、近くの相手チームの人とひとり1回ずつジャンケンをします。負けた人はそのままで、勝った人はしゃがんだ状態になって「ウサギ」になります。

3 「ウサギ」が負けたら「カメ」に戻り、勝ったら「バンザイ！」とさけんで立ち上がり、「人間」になります。

カメ

ウサギ

バンザイ！

人間

4 3分間行い、「人間」が多いチームの勝ちとなります。

おもしろジャンケン

内容 通常のジャンケンとは違う、顔や体を使ったジャンケンを紹介します。
また、通常のジャンケンのルールを変え、負けた人が戦い続けてチャンピオンを決めます。

いろいろ ジャンケン
顔や身体を使ったジャンケンです。

1

グー ほおをふくらませる

チョキ 口をとがらせる

パー 口を開ける

2

グー 両手の指を組む

チョキ 両手で×を作る

パー バンザイをする

3

グー 足を閉じる

チョキ 足を前後に開く

パー 足を左右に開く

あそび①

1 全員が立って、保育者対子どもたちで、通常のように手でジャンケンをします。勝敗はルールを逆にして、負けた方をOKとします。あいこの場合もOKとします。保育者に勝った子はあそびから外れて座り、負けた子と、あいこの子だけ残ります。

2 次々に保育者とジャンケンをして、最後まで負け続けた子がチャンピオンです。

あそび②

あそび① と同じルールで、顔や体を使ったジャンケンで競います。

あそびの発展

子どもたちがふたり一組でジャンケンをし、勝った子はあそびから外れ、次々に負けた子同士でジャンケンをして競ってもいいでしょう。その場合、あいこだったら、もう一度ジャンケンをするというルールにするといいでしょう。

ブラブラまねっこ

内容 手をブラブラさせる動作から、子どもたちは次々に保育者の動作を真似していきます。お集まりのときや、子どもたちを静かにさせたいときに便利なあそびです。

あそびかた

① 保育者が、「ブラブラブラ・・・」と言いながら、両手をブラブラさせ、子どもたちはそれを真似します。

ブラブラブラ〜

② 保育者は、ブラブラの動作から「頭！」と言い、両手を頭につけます。子どもたちは瞬時に真似をして、両手を頭につけます。

あたま！

3 保育者は、再び「ブラブラブラ・・・」と言いながら両手をブラブラさせ、子どもたちは、またそれを真似します。次に、保育者が「おしり！」と言っておしりを触ったら、子どもたちも瞬時におしりを触ります。

4 保育者は、「頭」や「おしり」以外にも、「肩」「おへそ」「ひざ」など体のいろいろな部位を指示し、ブラブラ→体の部位→ブラブラ→身体の部位・・・をくり返し、子どもたちはそれを真似していきます。

5 最後は、「ジャンプ！」「体操座り！」「気をつけ、ピッ！」などの動作を指示して終わります。

保育者の役を子どもにやってもらってもいいでしょう。

口パク伝言ゲーム

内容 声を出さず、口パクで友だちに正しくことばを伝言します。さらに、口パクとともにジェスチャーを交えながら、伝言します。

あそび①

1 「りんご」「ゴリラ」・・・などの型紙を拡大コピーして、色づけをし、それぞれ画用紙に貼ります。

2 4～6人で一組のチームを何組かつくり、チームごとに一列になります。

3 保育者は先頭の子どもたちに、**1** の絵のうちのどれか1枚を見せます。

4 先頭の子から順番に次の子へ口パクで伝言します。その際、一文字ずつゆっくり大きく口を開けます。次々に口パクで伝言していき、最後尾の子どもが答えます。正しく伝わったチームの勝ちです。

あそび ②

1 あそび ① と同様のルールで、保育者は先頭の子どもたちに、絵を見せます。

2 先頭の子から次の子へ口パクで伝言していきますが、さらにそのことばを説明するようなジェスチャーをつけてもいいものとします。

ゲームあそび

あそびの
発展

口パクやジェスチャーをする際に、思わず声を出してしまった子は、最後にものまねやおもしろい顔をするなどの罰ゲームを設けてもいいでしょう。

動物 ○×クイズ

内容　動物にまつわるいろいろな○×クイズを出題し、子どもたちは、○か×の札を上げて答えます。

○×札の
つくりかた

準備するもの　型紙、画用紙・厚紙など、マーカー・色鉛筆など、割りばし、はさみ、両面テープ、木工用ボンド・のりなど

❶　型紙は、○の札と×の札をそれぞれ2部拡大コピーし、切り取って色をぬります。○の型紙は、外側だけ切り取り、真ん中の丸は白いままで、外枠だけ色をぬります。それを画用紙や厚紙に貼って、余分なところを切り取ります。

❷　割りばしをふたつに割り、先の細い方を下にして、❶の○と×それぞれ2枚を割りばしにはさむように、両面テープや木工用ボンド、のりなどを使って、抜けないように貼り合わせます。○と×の札は、それぞれ子どもの人数分つくります。

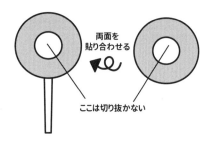

両面を
貼り合わせる

ここは切り抜かない

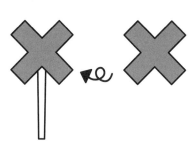

Q1　カンガルーは、眠るとき、ゴロンと横になって寝る。

▶▶　人間と同じように、横になって寝ます。

Q2　カンガルーのおっぱいは、胸についている。

▶▶　お腹の袋の中にあります。赤ちゃんは、袋の中でおっぱいを飲みます。

Q3　カンガルーは、暑くても汗をかかない。

▶▶　暑いときは、つばをぬっています。乾いたときに涼しくなるそうです。

Q4　キリンのつのは、みんな2本である。

▶▶　2本の他に、3本、5本のつのを持つキリンもいます。

Q5　キリンの舌（ベロ）の色は、人間と同じである。

▶▶　キリンの舌は紫色です。長さは約45センチもあります。

Q6 クマは、ハチに刺されると、とても痛がる。

▶▶ クマの皮膚は丈夫で、刺されても痛くないそうです。

Q7 クマは、泳ぐことができない。

▶▶ クマは、泳ぎが得意です。

Q8 ユーカリの葉を食べるのは、コアラだけである。

▶▶ ユーカリの葉には、毒がありますが、コアラはお腹の中で毒を消すことができます。

Q9 大人のゴリラのオスの背中は白い。

▶▶ メスや子どものオスのゴリラの背中は黒い色です。

Q10 シカにつのがあるのは、オスだけである。

▶▶ トナカイなど、メスにもつのがある種類があります。

Q11 シカは、冬になるとつのが抜ける。

▶▶ 毎年、冬になるとつのは抜け落ちて、春には新しいつのが生えてきます。

Q12 シマウマがしま模様なのは、おしゃれのためである。

▶▶ 敵に見つかりにくいように、しま模様がついています。

Q13 ゾウの耳が大きいのは、敵を驚かすためである。

▶▶ 身体全体を大きく見せています。また、暑いときにあおいだり、ハエを追い払ったりもします。

Q14 ゾウの歯は、抜けてもまた生えてくる。

▶▶ ゾウは、生きている間に6回も歯が生え変わります。

Q15 動物の中で一番速く走れるのは、トラである。

▶▶ 一番速いのはチーターです。時速約120キロで走れます。

Q16 パンダの赤ちゃんの色は、白黒である。

▶▶ パンダの赤ちゃんは、ピンク色です。

Q17 パンダは笹の葉しか食べない。

▶▶ ネズミやヘビなども食べます。

Q18 ライオンのたてがみは、オスだけにある。

▶▶ メスにはたてがみはありません。

Q19 ライオンのたてがみは、生まれたときから生えている。

▶▶ 2歳くらいから生え始めて、大人になるとフサフサになります。

Q20 ライオンが狩りをするのは、メスだけである。

▶▶ メスが獲物を捕っている間、オスは仲間を守っています。

ゲームあそび

隠れているものなあに？

内容 ことばの中に、別のことばが隠れているものがあります。ここでは、生き物をテーマに、それぞれのことばの中に隠れている生き物の名前を探します。

動物 編 それぞれのことばの中に隠れている動物（哺乳類）の名前を探します。

Q1	クリスマス	A	リス
Q2	帽子（ぼうし）	A	ウシ
Q3	教室（きょうしつ）	A	ウシ
Q4	かばん	A	カバ

Q5	悪魔（あくま）	A	クマ
Q6	サイダー	A	サイ
Q7	お財布（さいふ）	A	サイ
Q8	白菜（はくさい）	A	サイ
Q9	ぞうり	A	ゾウ

Q10	雑巾（ぞうきん）	A	ゾウ
Q11	冷蔵庫（れいぞうこ）	A	ゾウ
Q12	トランプ	A	トラ
Q13	トランペット	A	トラ
Q14	ウルトラマン	A	トラ

それぞれのことばの中に隠れている海の生き物の名前を探します。

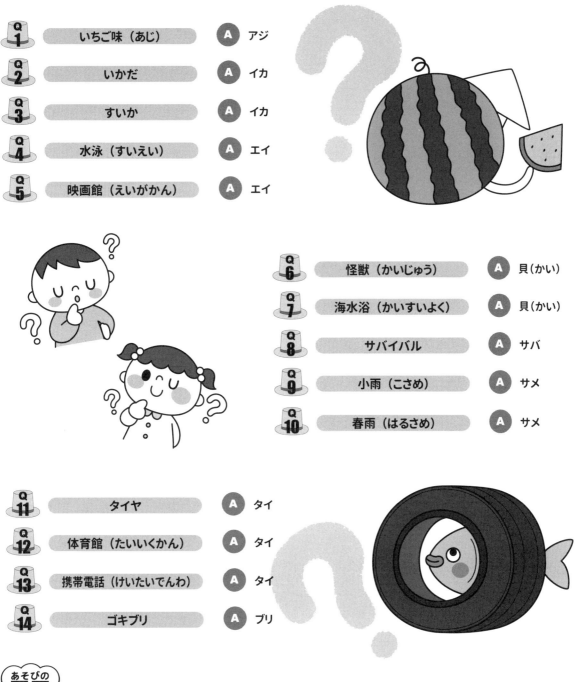

Q1 いちご味（あじ）　**A** アジ

Q2 いかだ　**A** イカ

Q3 すいか　**A** イカ

Q4 水泳（すいえい）　**A** エイ

Q5 映画館（えいがかん）　**A** エイ

Q6 怪獣（かいじゅう）　**A** 貝（かい）

Q7 海水浴（かいすいよく）　**A** 貝（かい）

Q8 サバイバル　**A** サバ

Q9 小雨（こさめ）　**A** サメ

Q10 春雨（はるさめ）　**A** サメ

Q11 タイヤ　**A** タイ

Q12 体育館（たいいくかん）　**A** タイ

Q13 携帯電話（けいたいでんわ）　**A** タイ

Q14 ゴキブリ　**A** ブリ

ゲームあそび

あそびの発展

生き物以外にも、さまざまなものの名前が隠れていることばを探して楽しみましょう。

▶▶「海水浴（かいすいよく）」→「かい」「いす」「すい」「いよく」
　　「植木鉢（うえきばち）」→「うえ」「うえき」「えき」「きば」「ばち」…など

お店並べ替え競争

内容 型紙の数種類のお店カードを使って、子どもたちが並べていきます。あそびながら左右も確認します。

あそびかた

1 保育者は、型紙の「お店カード①～⑤」を厚紙に拡大コピーして切り取ったものを子どもの人数分用意し、1セットずつ子どもたちに配ります。色づけは、子どもたちにやってもらいます。

2 子どもたちは机につきます。まず中央に置く「お店カード」を保育者が指示し、子どもたちはその「お店カード」を置きます。

まず、真ん中にレストランのカードを置きましょう。

3 次に、「右」か「左」を決めて、レストランのとなりに置く「お店カード」を保育者が指定し、子どもたちはそのとおりに、その場所に指定された「お店カード」を置きます。

次は、レストランの右どなりに、おもちゃ屋さんのカードを置きましょう。

④ 同様に、「右」か「左」を決めて、残りの「お店カード」を置く場所を保育者が指定し、子どもたちは そのとおりに、その場所に指定された「お店カード」を置きます。

レストランの左どなりには、お花屋さん！

おもちゃ屋さんの右どなりには、パン屋さん！

お花屋さんの左どなりには、洋服屋さん！

⑤ 指示を変え、いろいろな配置で保育者が同様に「お店カード」を置く場所を指定し、くり返し行います。

あそびの 発展

★ 友だちとふたり一組で1セットの「お店カード」を使い、指示を出す人、並べる人を決めて、ふたりで 同様に行ってもいいでしょう。

★ これ以外のお店のお店カードを子どもたちが自由に描いてつくり、友だちとふたり一組で同様に行って もいいでしょう。

お話づくり

内容 子どもたちを4つのチームに分け、それぞれのチームで、① 「いつ」、② 「どこで」、③ 「だれが」、④ 「なにをした」のお話を考え、違うグループの①〜④を組み合わせて、保育者が発表します。

あそびかた

1 子どもたちを4つのグループに分けます。保育者は、半分の大きさに切った画用紙4枚に、① 「いつ」、② 「どこで」、③ 「だれが」、④ 「なにをした」と、ひとつずつ左上に書いたものを4セット用意し、各チームに配ります。

2 チームごとに子どもたちはお話を考え、①〜④のそれぞれの画用紙に書いていきます。

Aチーム
①（いつ）	②（どこで）	③（だれが）	④（なにをした）
きのう	れすとらんで	ぼくが	おむらいすをたべた

Bチーム
①（いつ）	②（どこで）	③（だれが）	④（なにをした）
きょう	もりで	くまさんが	さんぽした

Cチーム
①（いつ）	②（どこで）	③（だれが）	④（なにをした）
ゆうべ	おうちで	おとうさんが	おならをした

Dチーム
①（いつ）	②（どこで）	③（だれが）	④（なにをした）
けさ	こうえんで	いぬが	わんとほえた

3 お話が書けたら、各チームが書いた画用紙を回収し、保育者が画用紙を1枚ずつめくって子どもたちに見せながら、各チームが考えたお話を発表します。

Aチームのお話です。
「きのう」「れすとらんで」「ぼくが」
「おむらいすをたべた」というお話でした。

4 次は、下記のように違うグループの、① 「いつ」、② 「どこで」、③ 「だれが」、④ 「なにをした」を組み合わせて発表します。

① (いつ) **A**チーム	② (どこで) **B**チーム	③ (だれが) **C**チーム	④ (なにをした) **D**チーム
きのう	もりで	おとうさんが	わんとほえてた
① (いつ) **B**チーム	② (どこで) **C**チーム	③ (だれが) **D**チーム	④ (なにをした) **A**チーム
きょう	おうちで	いぬが	おむらいすをたべた
① (いつ) **C**チーム	② (どこで) **D**チーム	③ (だれが) **A**チーム	④ (なにをした) **B**チーム
ゆうべ	こうえんで	ぼくが	さんぽした
① (いつ) **D**チーム	② (どこで) **A**チーム	③ (だれが) **B**チーム	④ (なにをした) **C**チーム
けさ	れすとらんで	くまさんが	おならをした

ゲームあそび

「きのう」「もりで」「おとうさんが」
「わんとほえてた」。

わはは…!

おもしろい!

あそびの
発展

「だれと」というワードを加え、グループを5つにして、① 「いつ」、② 「どこで」、③ 「だれが」、④ 「だれと」、⑤ 「なにをした」というお話にしてもいいでしょう。

俳句ごっこ

内容 季語を意識せず、五・七・五からなる文章を作って楽しみます。最初は、子どもたちと保育者で行い、慣れてきたら、五・七・五のすべてを子どもたちに考えてもらいます。年長児向けのあそびです。

あそびかた

1 半分の大きさに切った画用紙の右側に〇をタテに5つ書きます。これを子どもの人数分つくり、配ります。

2 俳句が五・七・五からできていることを説明し、保育者がお手本をつくって見せます。その後、どんなことばでもいいものとし、子どもたちに初めの5文字を〇の中に一文字ずつ書いてもらいます。

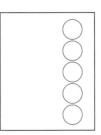

お手本

㊟ おはようは
あさのげんきな
ごあいさつ

㊟ おともだち
みんななかよく
あそぼうね

㊟ せんせいの
だいこうぶつは
たまごやき

おつきさま

ぞうさ

❸ 全員が書けたら、子どもたちが書いた5文字に続く、俳句の七・五の部分を保育者が考えて書き、子どもたちに披露します。

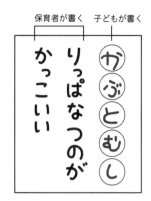

保育者が書く　子どもが書く

かっこいい
りっぱなつのが
㊊㊒㊝㊒

ついてるよ
うさぎがもちを
㊊㊒㊐㊚

べんりだね
ながいおはなが
㊚㊒㊛㊒

❹ 次は、半分にした画用紙（○は書いていないもの）をひとり1枚ずつ配り、子どもたちが五・七・五のすべてを考えて書きます。このとき、五・七・五の文字数は多少そろっていなくてもいいものとします。書けたら、保育者が披露し、子どもが書いた内容について、ひとこと何かメッセージを添えます。

「ぼくんちは
ねこがさんびき
いるんだよ」

ぼくんちにも、
猫2匹いるよ！

ゆうまくんのおうちには、
猫が3匹もいるんですね。
どんな猫ちゃんかな？
きっと可愛いのでしょうね。

五・七・五が書けない子どもがいたら、保育者が一緒に考えたり、途中から保育者が書いてあげましょう。

牛乳パックゴマ

内容 牛乳パックの底を使って、クルクルまわるコマをつくります。

つくりかた

準備するもの 牛乳パック、はさみ、セロハンテープ、クレヨン・油性ペンなど

1 牛乳パックの底と側面を絵のように切り取ります。

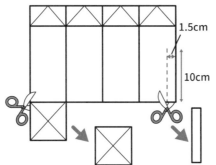

1.5cm

10cm

2 切り取った底の内側面に、クレヨンや油性ペンなどで自由に絵を描きます。

3 とって部分を絵のように折って、セロハンテープでつけます。

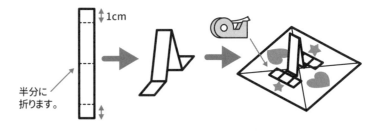

1cm

半分に折ります。

あそびかた

とってをまわしてコマをまわします。

まわす

クルクル!

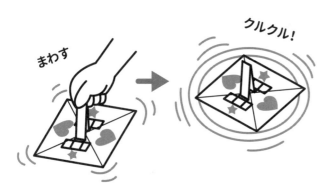

Advice

牛乳パックの底は、折り段差がついているので、それだけで簡単にまわります。
底にローソクなどをこすりつけると、よりすべりがよくなり、まわりやすくなります。

底部分　ローソク

工作あそび

紙皿でんでんだいこ

内容 紙皿とペットボトルのふたでつくる、でんでんだいこです。

つくりかた

準備するもの 紙皿、ペットボトルのふた、ひも、セロハンテープ、色画用紙や折り紙、クレヨン、はさみ、割りばし、のり、千枚通し

① 色画用紙を動物の顔の形に切って、折り紙やクレヨンで顔をつくり、紙皿の裏に貼ります。

② ペットボトルのふたのまん中に、千枚通しで穴をあけ、ひもを通して結び、セロハンテープでとめます。これを4つつくります。

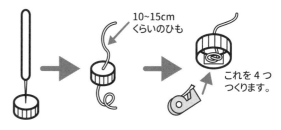

10~15cmくらいのひも

これを4つつくります。

③ 紙皿の裏にペットボトルをつけたひもをしっかり貼りつけます。

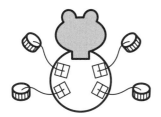

④ 割りばしを紙皿の裏のまん中につけます。

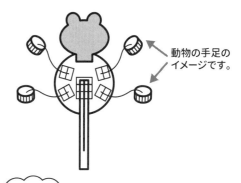

動物の手足のイメージです。

あそびかた

割りばしを動かして、ペットボトルのふたを紙皿にあてて音を出します。

トントン♪

Advice

割りばしを動かすのが難しいときは、両手にはさんで、こするようにして音を出してもいいでしょう。

スリスリ

工作あそび

動物カスタネット

内容 牛乳パックでつくる動物の顔の形のカスタネットです。

つくりかた

準備するもの 牛乳パック、はさみ、ペットボトルのふた、セロハンテープ、クレヨン・油性ペンなど

1 牛乳パックを開き、絵のようにはさみで切ります。

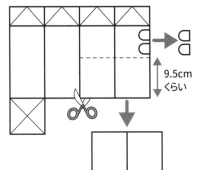

9.5cm
くらい

2 白い部分を外側にして折り、2枚重ねて絵のように切ります。

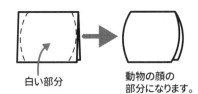

白い部分

動物の顔の
部分になります。

3 動物の耳の部分をセロハンテープでつけます。

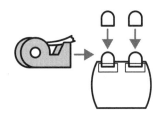

4 表にクレヨンやペンで好きな動物の顔を描きます。

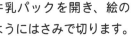

5 内側の3ヶ所に、絵のようにペットボトルのふたをつけます。

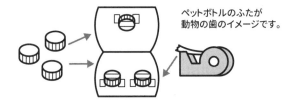

ペットボトルのふたが
動物の歯のイメージです。

あそびかた

カスタネットのようにたたくと、ペットボトルのふたがぶつかり合って音が鳴ります。

カチ
カチ♪

ペットボトルマラカス

内容 ペットボトルでマラカスをつくり、音を鳴らしてあそびます。

つくりかた 　**準備するもの** ペットボトル、あずき（20〜30gくらい）、ビニールテープ、はさみ

① ビニールテープを好きな形に切って、ペットボトルに貼ります。

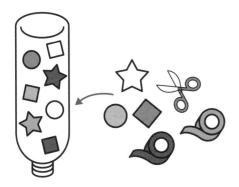

② ペットボトルに 20〜30g くらいのあずきを入れ、ふたをします。

あずき

あそびかた

ペットボトルをさかさにしてふたの部分を持ち、ふって音を出します。

シャカ シャカ

シャカ シャカ

工作あそび

あずきの代わりにお米を入れてもいいでしょう。

飛べ! ひこうせん

内容 細長い風船を使って飛行船をつくり、飛ばします。

つくりかた

1 太めのペンシルバルーンに空気を入れてふくらませ、口をしばります。

2 コピー用紙を二ツ折りにして下記のように切り、羽根をつくります。
のりしろ部分に折り目をつけておきます。

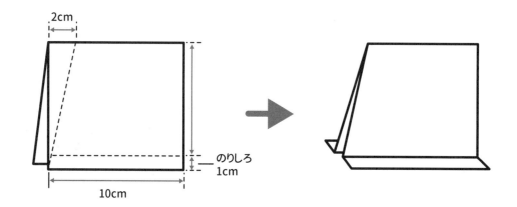

2cm

のりしろ
1cm

10cm

3 ②で切った羽根に、クレヨンなどで自由に模様を描きます。

4 羽根ののりしろ部分に両面テープを貼り、バルーンの後ろの方に貼ります。

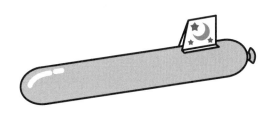

5 油性ペンでバルーンに窓を描いたり、ビニールテープを好きな形に切って、バルーンに自由に貼ります。

あそびかた

飛行船の後ろの方を持ち、前に押し出すように飛ばします。
自由に飛ばしたり、フープなどを使って的をつくり、その中に入れるように飛ばしてみましょう。

あそびの発展

★ 大小の的をいくつか用意して、小さい的ほど得点を高くして、みんなで点数を競ってもおもしろいでしょう。

★ ラインを決め、みんなで飛行船を飛ばして、誰が一番遠くまで飛ばせるかを競ってもいいでしょう。

工作あそび

パクパク ガエル

内容 口の部分を上から押すと、パクパクと動くカエルです。

準備するもの 紙コップ、紙皿、折り紙、色画用紙、はさみ、クレヨン・ペンなど、セロハンテープ、のり

1 同じ色の折り紙を2枚用意します。紙コップに折り紙を貼り、上のあまった部分は折りたたみます。もう一枚は、最初に貼った折り紙にかぶせるように同様に貼ります。

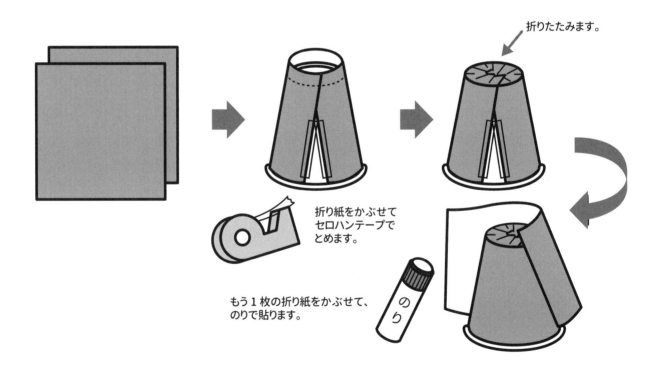

折りたたみます。

折り紙をかぶせてセロハンテープでとめます。

もう1枚の折り紙をかぶせて、のりで貼ります。

2 紙皿を半分に折り、端の2ヶ所を折りかえし、カエルの口にします。

3 **2** でつくったカエルの口を **1** にセロハンテープで貼ります。

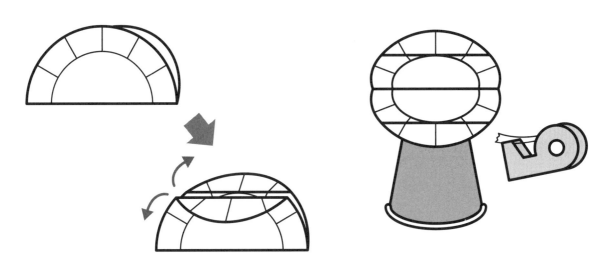

4 折り紙や色画用紙、クレヨン、ペンなどを使って、カエルの目や舌、手、お腹部分、蝶ネクタイなどをつくり、**3** に貼ります。

★ カエルの口の部分を上からくりかえし押すと、口がパクパク動きます。

★ カエルの胴体や手、目などに使用する折り紙や色画用紙の色は、必ずしも緑色や黄緑色でなくてもかまいません。いろいろな色でつくると楽しいでしょう。

★ 目や舌、手などのパーツを変えて、同様のつくりかたで、他の動物やおばけ、かいじゅうなどにしてもおもしろいでしょう。

ゆらゆら人形

内容 左右にゆらゆら揺れる人形をつくってあそびます。

〔 つくりかた 〕　**準備するもの** あき缶（浅いタイプのもの）、竹ひご、画用紙・色画用紙、折り紙、
クレヨン・ペンなど、油ねんど、はさみ、セロハンテープ、両面テープなど

❶ 画用紙や色画用紙に、クレヨン、ペン、折り紙などを使って自由に人形の絵を描き、はさみで形を切ります。

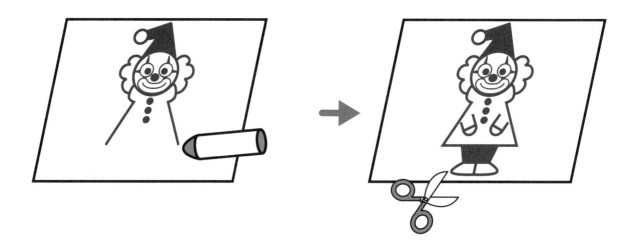

❷ 画用紙や色画用紙をあき缶の形に合わせて切り、好きな模様をつけます。

あき缶

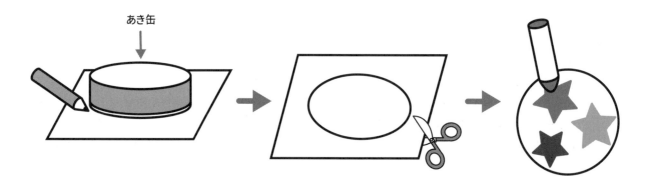

③ あき缶の内側に、セロハンテープで少量の油ねんどを貼りつけます。

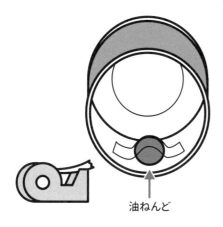

油ねんど

④ あき缶に、油ねんどの位置と垂直になるように竹ひご（10〜12cmくらいの長さのもの）を貼り、その上に **②** でつくったものを貼りつけます。

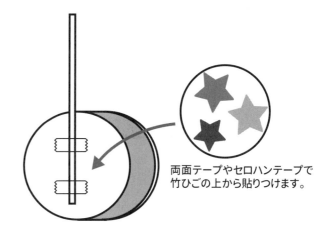

両面テープやセロハンテープで竹ひごの上から貼りつけます。

⑤ **①** でつくった人形を竹ひごの先に貼りつけます。

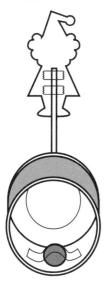

あそびかた

人形を指で軽く横に押して、揺らします。

★ 人形は缶の大きさよりやや小さめにつくり、竹ひごの上の方につけるといいでしょう。

★ 人形がうまく揺れないときは、油ねんどの量を調整してみましょう。

★ 人形は、いろいろな動物の形にしてもいいでしょう。

工作あそび

ジャンプ！キャッチ！

内容 ペットボトルからジャンプする玉をキャッチしてあそぶおもちゃです。

つくりかた

準備するもの ペットボトル（500mlのもの）、割りばし、カッター、ビニールテープ、
はさみ、輪ゴム、セロハンテープ、新聞紙

1 ペットボトルをカッターなどで絵のように
切ります。

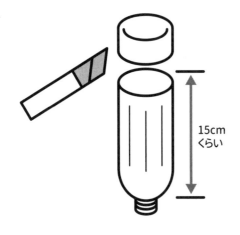

15cm
くらい

2 切り口にビニールテープを巻きます。

3 ビニールテープを好きな形に切って、ペット
ボトルに貼ります。

4 割りばしの割れ目に輪ゴムを2本ひっかけ、輪ゴ
ムがずれないように上下にセロハンテープを貼り
ます。

上下に
セロハンテープ
を貼ります。

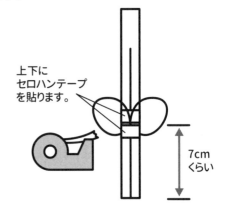

7cm
くらい

5 2本の輪ゴムの端にビニールテープをひっかけて貼ります。

6 ペットボトルの穴から割りばしを入れ、外側をビニールテープでとめます。

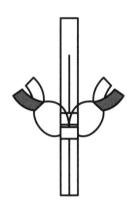

7 新聞紙の $\frac{1}{6}$ くらいをまるめてビニールテープでとめ、玉をつくります。

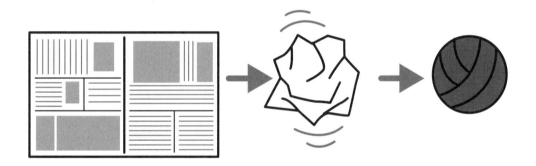

あそびかた

割りばしを引っ張って放すと、玉が飛び出します。
飛び出した玉をキャッチします。

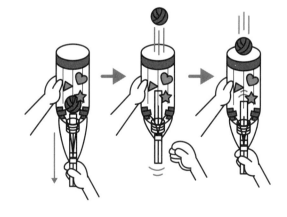

工作あそび

★ 玉をキャッチするのが難しいときは、ジャンプさせるだけでもかまいません。
★ どれだけ高くジャンプさせられるかを競争してもおもしろいでしょう。

工作あそび
紙コップけん玉

内容 紙コップと新聞紙でけん玉をつくってあそびます。

つくりかた

準備するもの 紙コップ、折り紙、クレヨン・ペンなど、新聞紙、ビニールテープ、たこ糸、ストロー、のり、はさみ、カッター

1 紙コップはふたつ用意し、ひとつは半分に切ります。

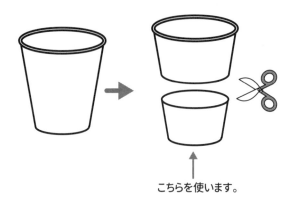

こちらを使います。

2 もうひとつの紙コップの底に、ボールペンの先などで穴をあけ、たこ糸を通します。短く切ったストローにたこ糸の先を通し、結びます。

ストロー

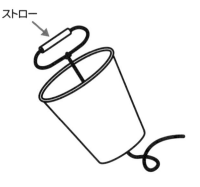

3 新聞紙をまるめ、もう片方のたこ糸の先にからめて、上からビニールテープを貼ります。

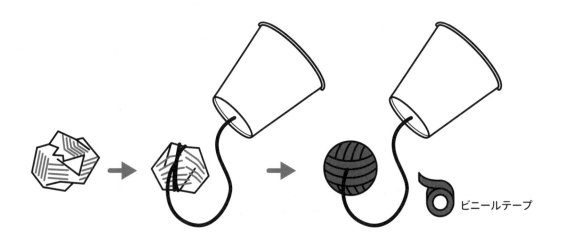

ビニールテープ

ふたつの紙コップの底を合わせてビニール
テープでとめます。

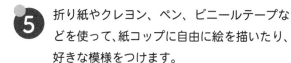 折り紙やクレヨン、ペン、ビニールテープな
どを使って、紙コップに自由に絵を描いたり、
好きな模様をつけます。

あそびかた

紙コップの大きい方、小さい方にそれぞれ玉を入れます。

★ 1分間に何回玉が入ったかなどをみんなで競ってもおもしろいでしょう。

★ 紙コップは、ひとつでもけん玉がつくれます。

工作あそび

新聞紙ヨーヨー

内容 新聞紙で簡単につくれるヨーヨーです。

つくりかた

準備するもの 新聞紙、輪ゴム、ビニールテープ

1 新聞紙1枚をまるめて、玉をつくります。

2 輪ゴム4本をつなぎ、4本目の輪ゴムに指を入れるところをつくります。

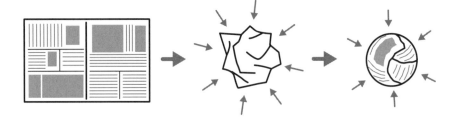

3 ②の1本目の輪ゴムに①でつくった新聞紙の玉をかけ、玉全体にビニールテープを貼ります。

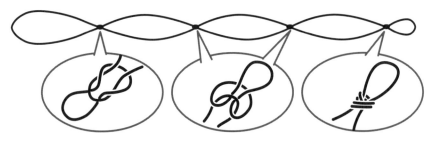

あそびかた

先端の輪ゴムに中指を入れて、ヨーヨーをします。

Advice

玉が大きいときは、まるめる新聞紙の量を調整しましょう。
また、輪ゴムが長いときは、3本でつくってみましょう。

紙皿ゴマ

内容 紙皿で大きなコマをつくり、クルクルまわしてあそびます。

つくりかた

準備するもの 紙皿、トイレットペーパーの芯、ビニールテープ、折り紙、クレヨン・ペンなど、豆・おはじきなど、ガムテープ、のり、はさみ、カッター

1 紙皿を4つに折り、中心にペンの先などで目印をつけます。

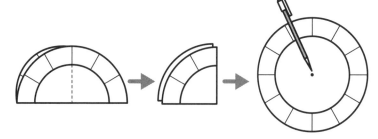

2 紙皿に自由に絵を描いたり、折り紙やビニールテープなどを貼って模様をつけます。

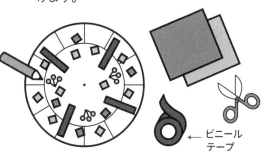

ビニールテープ

3 トイレットペーパーの芯を2cmくらいに切って、ビニールテープなどで紙皿の中心に貼り、とってにします。

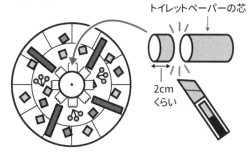

トイレットペーパーの芯

2cmくらい

4 紙皿の裏の中心に、ガムテープで豆またはおはじきをつけます。

あそびかた

とってをまわして、コマをまわします。

クル クル クル

工作あそび

ファッションショー

内容 みんなで服をつくり、自分でつくった服を身につけて、ランウェイをひとりずつ「♪さんぽ」の歌に合わせてリズミカルに歩きます。

服の
つくりかた

準備するもの 型紙、カラービニール袋、色画用紙、コピー用紙、はさみ、
セロハンテープ、両面テープなど

1 大きめのカラービニール袋を用意し、顔と両手が出るように穴を開けます。

2 別のカラービニール袋を使って、**1**にそでをつけたり、えりをつけたり、スカートやズボンをつけたりして、自分の好きな形を自由につくります。

3 型紙の「服の模様」を拡大コピーし、色をぬって切り取ったものや、色画用紙を好きな形に切ったものを**2**に貼って、模様をつくります。

帽子や髪飾りの つくりかた

準備するもの 色画用紙、カラービニール袋、お花紙、髪ゴム、セロハンテープ、両面テープなど

色画用紙で帽子をつくったり、カラービニール袋でリボンやバンダナをつくったり、お花紙で髪飾りを自由につくります。

ランウェイの つくりかた

準備するもの お花紙でつくった花、両面テープ、巧技台・マットなど

巧技台やマットを並べてランウェイをつくり、まわりに花を飾ります。

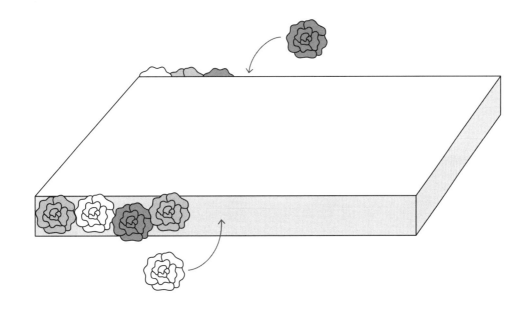

工作あそび

 あそびかた 自分でつくった服を着て、ランウェイをひとりずつ気取りながら歩き、ポーズをとります。また、みんなで「♪さんぽ」の歌を歌いながら、ランウェイのまわりをリズミカルに歩きます。

さんぽ
作詞：中川季枝子／作曲：久石 譲

1～3. あ る こう　あ る こう

わ た し は　げ ん き　　あ る く の ー だ い す き

ど ん ど ん い こ　う　　さ かみ ちー　トンネ ルー
　　　　　　　　　　　　　み つば ちー　ぶ んぶ んー
　　　　　　　　　　　　　き つね もー　た ぬき もー

くはで
さなて
っぱお
ぱたい
らけで

いひた
っなん
たにけ
んけん
ばにし
しかよ
げう
ー
ー

でへは
こびや
ぼはし

こひの
じゃー
りるく
みーま

ちねで

くばと
ものも
すがだ
くがち
ぐとた
ってくさ
でん
ー
ー

くだ
くまが
うれ

1.2.

りりし
みみい

ちち

3.

な

ともだちたくさん

ー
うれしい

な

ともだちたくさん

3

工作あそび

忍者ごっこ

内容 つくった衣装を着て忍者になりきり、簡単なあそびの修行に出かけます。
いろいろな術を使って、忍者修行をクリアできたら、最後に「にんじゃにんていしょう」をあげましょう。

忍者の服の つくりかた

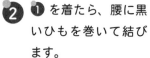
準備するもの 黒いビニール袋、黒いひも、はさみ

1 大きめの黒いビニール袋を用意し、顔と両手が出るように穴を開けます。

2 **1**を着たら、腰に黒いひもを巻いて結びます。

3 頭の大きさに合わせて黒いビニール袋を三角に切り、ほっかむりのようにして、あごで結びます。

剣の つくりかた

準備するもの 色画用紙、新聞紙、段ボール、はさみ、カッター

1 数枚重ねた新聞紙をまるめ、色画用紙で包んでとめます。

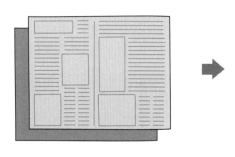
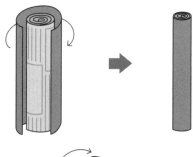

2 丸く切った段ボールに色をぬり、センターにいくつか切り込みを入れて、**1**をさし込みます。

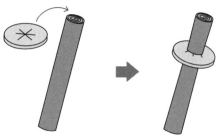

しゅりけんの つくりかた

| 準備するもの | 型紙、厚紙、クレヨン・ペンなど、 はさみ |

型紙の「しゅりけん」を厚紙にコピーし、色をぬって切り取ります。

にんじゃにんていしょうの つくりかた

| 準備するもの | 型紙、厚紙、クレヨン・ペンなど、 はさみ |

型紙の「にんじゃにんていしょう」を厚紙に拡大コピーし、色を
ぬって切り取ります。名前の部分には、子どもの名前を書きます。

あそびかた

1 忍者の格好をし、「忍者修行に行くぞ！」と保育者が呼びかけ、いろいろな修行を行います。
ここで紹介した以外のあそびなどでも、修行にできます。

2 忍者修行をクリアできたら、「にんじゃにんていしょう」をひとりずつ渡します。

① 壁づたいの術　足音を立てず、忍び足で壁づたいに移動します。

し・の・び・あ・し〜

工作あそび

② 四つんばいの術

四つんばいで進みます。

③ 片足ケンケンの術

片足ケンケンで進みます。

④ 姿かくしの術

保育者の合図で、カーテンや本棚などの物かげに
隠れます。

⑤ しゅりけん飛ばしの術

ラインを決めて、どこまでしゅりけんを飛ばせるか、
競います。

1 最初に保育者が「忍者でにん！」と言いながら、
忍者ポーズをし、子どもたちも真似をします。

2 保育者が「頭しゅりけん！」と言いながら、子どもたちの頭の上に、しゅりけんを飛ばす真似をし、
子どもたちはそれをよけるように、頭を沈めます。

3 保育者が「足しゅりけん！」と言いながら、子どもたちの足もとにしゅりけんを飛ばす真似をし、
子どもたちはそれをよけるように、ジャンプします。

工作あそび

発展
あそび ②　「にんにんにんじゃ」

忍者気分でできる歌あそびです。ぜひ、忍者の格好のまま、歌ってあそびましょう。

にんにんにんじゃ
作詞／作曲：井戸和秀

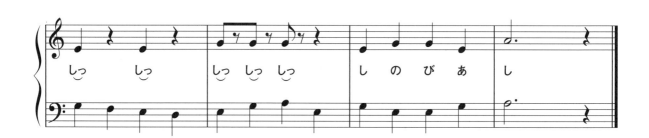

① ♪にんにんにんにん
　　にんじゃ

忍者のポーズをします。

② ♪ソーッと ソーッと

足音を立てずに、忍び足で歩きます。

③ ♪ささささ

小さい歩幅で速く歩きます。

④ ♪シャカシャカ
　　シャカシャカ

大きい歩幅で走ります。

⑤ ♪サササ

③と同じ動きです。

＜④⑤くりかえし＞

⑥ ♪しっしっ

音を立てずに、両足で跳びます。

⑦ ♪しっしっしっ

音を立てずに、片足でケンケンをします。

⑧ ♪しのびあし

②と同じ動きです。

工作あそび

あそびに慣れてきたら、少しずつテンポアップして、うまくできた人が勝ちというゲームにしても
おもしろいでしょう。

ウサギとカメ

内容 ♩ のリズムに合わせて、耳をつかんだり鼻をつまんだりします。歌が進むにつれて少しずつ難しくなります。

作詞：石原和三郎／作曲：納所弁次郎

Advice

❹ の動作は複雑で難しいので、初めはゆっくりとしたテンポで練習しましょう。

あそびかた　♩のリズムに合わせて、次の動作を2回ずつくり返します。

1 手拍子→右手で右の耳をつかむ→手拍子→左手で左の耳をつかむ

2 手拍子→右手で右の耳をつかみ、左手で鼻をつまむ→手拍子→左手で左の耳をつかみ、右手で鼻をつまむ

3 手拍子→右手で左の耳をつかむ→手拍子→左手で右の耳をつかむ

4 手拍子→右手で左の耳をつかみ、左手で鼻をつまむ→手拍子→左手で右の耳をつかみ、右手で鼻をつまむ

1 ① ♩もし　② ♩もし　③ ♩かめ　④ ♩よ
（「♩かめ ♩さん ♩よ ♩ー」も同様）

2 ⑤ ♩せか　⑥ ♩いの　⑦ ♩うち　⑧ ♩に
（「♩おま ♩え ♩ほど ♩ー」も同様）

3 ⑨ ♩あゆ　⑩ ♩みの　⑪ ♩のろ　⑫ ♩い
（「♩もの ♩はな ♩い ♩ー」も同様）

4 ⑬ ♩どう　⑭ ♩して　⑮ ♩そん　⑯ ♩なに
（「♩のろ ♩いの ♩か ♩ー」も同様）

❗ 2番も同じ動きをします。

手・歌あそび

おなかのへるうた

内容 お腹が減ることを楽しく表現した手あそびです。

1.ど う し て お な か が へ る の か な な
2.ど う し て お な か が へ る の か な な

け ん か を す る と へ る の か な な
お や つ を た べ な い と へ る の か か な な

な か よ し た て て も へ る も ん な 一 か あ ちゃん
い 一 く ら た べ て も へ る も ん な 一

か あ ちゃん お な か と せ な か が くっ つ く ぞ

作詞：阪田寛夫／作曲：大中 恩

1番

① ♪どうして おなかが へるのかな

左右に揺れながら、両手でお腹を軽く4回たたきます。

② ♪けんかを すると

両手の人さし指を交互に打ち合います。

③ ♪へるのかな

左右に揺れながら、両手でお腹を軽く2回たたきます。

④ ♪なかよし してても

両手で大きな丸を描きます。

⑤ ♪へるもんな

③と同じ動きです。

⑥ ♪かあちゃん かあちゃん

両手を口の横にあてて、お母さんを呼ぶ真似をします。

⑦ ♪おなかと

右手でお腹を押さえます。

⑧ ♪せなかが

左手で背中を押さえます。

⑨ ♪くっつくぞ

両手を合わせます。

2番

★「♪ おやつをたべないと」以外の歌詞の部分は、すべて1番と同じ動作です。

⑩ ♪おやつを たべないと

片手の人さし指と中指をスプーンに見立てて、食べる真似をします。

手・歌あそび

手・歌あそび

おいしいピッタンコ

内容 ハンバーガーやポテトなどの4つのポーズのうち、最後の「♪ポン!」で、保育者と同じポーズになったら勝ちです。

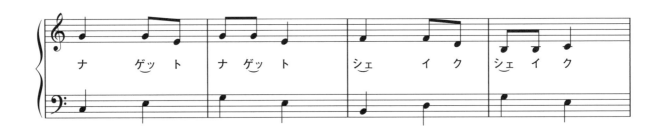

作詞／作曲：井上明美

あそびの発展

「♪ポン!」のところで、保育者と同じポーズだったら負けというルールにしてもいいでしょう。

1 ♪ ハンバーガー ハンバーガー

胸の前で両手を合わせます。

2 ♪ ポテト ポテト

両手をパーにします。

3 ♪ ナゲット ナゲット

両手をグーにします。

4 ♪ シェイク シェイク

忍者のポーズをします。

5 ♪ おいしい えがお

両手の人さし指をほおにあてます。

6 ♪ ピッタンコ

2回手をたたきます。

7 ♪ ポン！

保育者は、「ハンバーガー」「ポテト」「ナゲット」「シェイク」の4つのポーズから、いずれかのポーズをし、子どもたちは同じポーズを予想して、ポーズをします。保育者と同じポーズだったら、勝ちです。

手・歌あそび

チョキチョキダンス

内容 歌の最後にいろいろなポーズをします。リズムに乗りながら、手軽に楽しめる歌あそびです。

作詞：佐倉智子／作曲：おざわたつゆき

あそびかた

1番

① ♪ ラララ みぎて ラララ みぎて
ラララ みぎてを

② ♪ くるりんぱ

右手を開き、リズムに合わせて左右
にふります。

右手をげんこつにし、手首をまわして円を描き、「ぱ」のところ
で手を開きます。

③ ♪ チョキチョキダンスを
みんなで おどろう

④ ♪ パパンパ
パン パン パン

⑤ ♪ スマイル

右手の指をチョキにして、リズムに合わせ
て身体と右手を左右に揺らします。

5回手をたたきます。

両手の人さし指をほおにあて、スマイル
ポーズをします。

2番 ♪ シュワッチ

3番 ♪ ポーズ

❗ 2番は左手、3番は両手
で、①〜④と同じ動き
をします。

ウルトラマンのポーズをします。

好きなポーズをします。

手・歌あそび

どっちにしようかな

内容　歌を歌った後に、子どもたちがグーかパーのどちらかの絵を選びます。それが嬉しいものか、いやなものか予想して楽しむ歌あそびです。

グッ グッ グ ーッと に ぎろ か な　　パッ パッ パ ーッと す てよ か な

どっ ち にし よう か どっ ち にし よう か どっ ち にし よう か な

作詞／作曲：井上明美

あそびかた

1　「グー」と「パー」の型紙をそれぞれ4部ずつ拡大コピーして色づけをし、それぞれ画用紙に貼ります。

2　「おばけ」「ケーキ」・・・などの型紙を拡大コピーして色づけをし、**1**の「グー」か「パー」のいずれかの画用紙の裏面に貼ります。グーとパーの組み合わせは、子どもが嬉しいものと、いやなものになるように考えて貼ります。

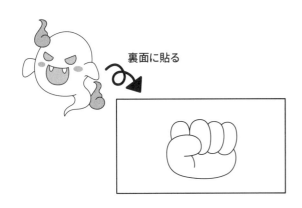

裏面に貼る

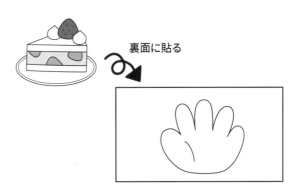

裏面に貼る

3 保育者は、**2** でつくったもののうち、子どもが嬉しいものといやなものの組み合わせになるように、グーの画用紙とパーの画用紙を持ち、「♪ **どっちにしようかな**」をみんなで歌います。歌い終わったところで、子どもたちにグーかパーを選んでもらいます。

4 保育者は、グーとパーの画用紙の裏面を見せます。

手・歌あそび
動物変身ダンス

内容 いろいろな動物になりきって、動きやダンスを楽しみます。

パン ダ は パンパンパン　ウ サ ギ は ピョンピョンピョン　コ ア ラ は ギュッギュッギュッ

ネ コ は ガリガリガリ　タ ヌ キ は ポンポコポン　ラ イ オン は ガオガオガオ

ゴ リ ラ は ドンドンドン　ペン ギン は チョコチョコチョコ　あ あ お も し ろ い

となえうた

あそびかた 全員がバラバラになってあそびます。

① ♪ パンダはパンパンパン

5回手をたたきます。

② ♪ ウサギは
ピョンピョンピョン

両手を頭にあてて2回ジャンプします。

③ ♪ コアラはギュッギュッギュッ

抱っこする真似をします。

4 ♪ ネコはガリガリガリ

爪を立ててひっかく真似をします。

5 ♪ タヌキはポンポコポン

交互の手でお腹を5回たたきます。

6 ♪ ライオンはガオガオガオ

爪を立てたポーズで腕を振り上げて下ろします。

7 ♪ ゴリラはドンドンドン

交互の手で胸を5回たたきます。

8 ♪ ペンギンは
チョコチョコチョコ

ペンギンのポーズで歩きます。

9 ♪ ああ おもしろい

両手を上からひらひらさせながら下ろします。

あそびの発展

★ 「♪サルはキッキッキッ」「♪ゾウはパオーン」「♪ニワトリはコケコッコー」など、いろいろな動物にアレンジして楽しみましょう。

★ ゆっくりのテンポから、少しずつテンポアップしてやってみましょう。

手・歌あそび

手・歌あそび

たこ焼き

内容 1本ずつ指を増やして、たこ焼きを食べたり、おそばを食べたりする歌あそびです。

作詞／作曲：不詳

1 ♪いっぽんの ゆびで

人さし指を左右にふります。

2 ♪たこやきたべて

人さし指をつまようじに見立て、
たこ焼きを食べる真似をします。

3 ♪にほんの ゆびで

2本の指を左右にふります。

4 ♪おそばをたべて

2本の指を箸に見立て、おそばを
食べる真似をします。

5 ♪さんぼんの ゆびで

3本の指を左右にふります。

6 ♪ケーキをたべて

3本の指をフォークに見立て、
ケーキを食べる真似をします。

7 ♪よんほんの ゆびで

4本の指を左右にふります。

8 ♪カレーライスたべて

4本の指をスプーンに見立て、カレー
ライスを食べる真似をします。

9 ♪ごほんの ゆびで

5本の指を左右にふります。

10 ♪おにぎりつくって

おにぎりをつくる真似をします。

11 ♪パクパクたべました

おにぎりを食べる真似をします。

手・歌あそび

手・歌あそび
石焼きいも

内容 おいもを掘って食べるまでを全身で表現するあそびです。

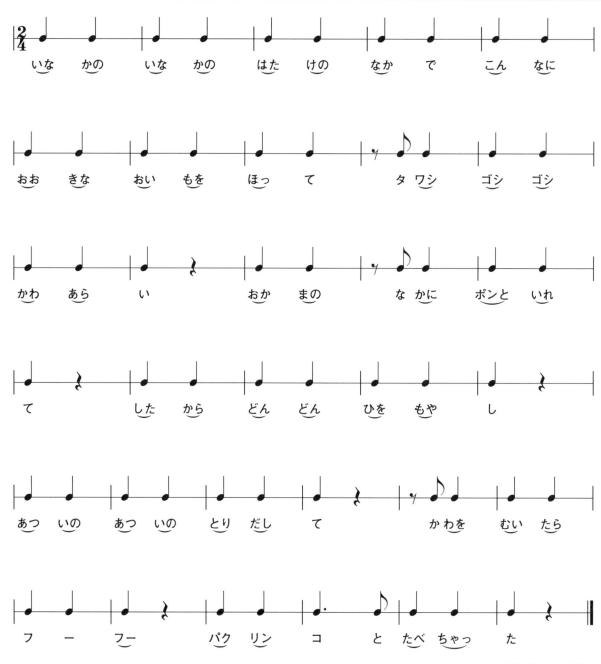

いなかの いなかの はたけの なかで こんなに

おおきな おいもを ほって タワシ ゴシ ゴシ

かわ あら い おか まの なかに ポンと いれ

て した から どん どん ひを もや し

あつ いの あつ いの とり だし て かわを むい たら

フー フー パク リン コ と たべ ちゃっ た

作詞／作曲：多志賀 明

1 ♪ いなかの いなかの

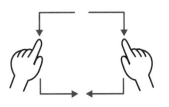

両手の人さし指で胸の前に
四角を描きます。

2 ♪ はたけの なかで

（ **1** と同じ動き）

3 ♪ こんなに おおきな

両手を上から下に下ろして、
円を描きます。

4 ♪ おいもを ほって

くわをふり下ろす真似をし
ます。

5 ♪ タワシ ゴシゴシ
かわあらい

タワシでおいもを洗う真似
をします。

6 ♪ おかまの なかに

両手でおかまの形をつくり
ます。

7 ♪ ポンと いれて

おかまにおいもを入れる真似
をします。

8 ♪ したから どんどん
ひを もやし

火が燃えているように、両手
の指を動かします。

9 ♪ あついの あついの
とりだして

熱いおいもを両手で持つ
真似をします。

10 ♪ かわを むいたら

皮をむく真似をします。

11 ♪ フーフー

息を吹きかける真似をします。

12 ♪ パクリンコと
たべちゃった

おいもを食べる真似をします。

おいも掘りの行事の前などに歌うと楽しいでしょう。

手・歌あそび

手・歌あそび

まほうのつえ

内容 右手を魔法のつえ、左手を小人に見立てて、魔法をかける真似をするあそびです。

1.2.ま ほ う の　つ え で す よ　ご に ん の

こ び と さ ん

せ が ち ぢ め ー ー ー　ち ぢ め ー ち ぢ め ー
せ が の び ろ ー ー ー　の び ろ ー の び ろ ー

ち ち ん ぷ ー ー ー ー　い　ー

gliss.

作詞：まどみちお／作曲：渡辺 茂

-110-

あそびかた

1番 **①** ♪まほうの つえですよ

右手の人さし指を上下に
4回ふります。

② ♪ごにんの こびとさん

左手を開いて左右に4回
ふります。

③ ♪せが ちぢめ ちぢめ ちぢめ ちちん

左手の小人に呪文をかけ
るように、右手の人さし
指をグルグルまわし、左
手は少しずつ指をとじて
いきます。

④ ♪ぷい

左手を完全に
にぎります。

2番 **⑤** ♪まほうの つえですよ

（ **①** と同じ動き）

⑥ ♪ごにんの こびとさん

左手をにぎり、左右に4回
ふります。

⑦ ♪せが のびろ のびろ のびろ ちちん

左手の小人に呪文をかけ
るように、右手の人さし
指をグルグルまわし、左
手は少しずつ指を開いて
いきます。

⑧ ♪ぷい

左手を完全に
開きます。

手・歌あそび

山小屋いっけん

内容 おじいさんのいる山小屋に、うさぎが逃げ込む様子を表現します。

作詞：志摩 桂／アメリカ民謡

あそびかた

1番

1 ♪やまごや いっけん
  ありました

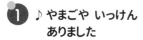

両手で家の屋根の形をつくります。

2 ♪まどから みている
  おじいさん

窓から遠くをながめる真似をします。

3 ♪かわいい うさぎが
  ピョンピョンピョン

人さし指と中指を立て、うさぎに
見立てて動かします。

4 ♪こちらへ
  にげてきた

両腕を動かして、走って逃げる
真似をします。

2番

5 ♪たすけて たすけて
  おじいさん

両手を上げて助けを求めます。

6 ♪りょうしの てっぽう
  こわいんです

鉄砲を撃つ真似をします。

7 ♪さあさあ はやく
  おはいんなさい

手まねきをします。

8 ♪もう だいじょうぶだよ

うさぎを抱いてなでる真似を
します。

手・歌あそび

にもつ持ち帰りのうた

内容 持ち帰る荷物が多い日のお帰りのときに向いている手あそびです。

1.2.ぼう　が いっ ぽん　ぼう　が いっ ぽん　ぼう　が に ほん で

トン トン トン　う えをむい て　し た をむい て

〇　　〇　は ど　こ　る　だ？
ぜ　ん ぶ あ　る　ね

作詞／作曲：不詳

あそびかた

1 ♪ ぼうが いっぽん

右手の人さし指を出します。

2 ♪ ぼうが いっぽん

左手の人さし指を出します。

3 ♪ ぼうが にほんで トントントン

両手の人さし指を出し、交差しながら3回トントントンたたきます。

4 ♪ うえをむいて

両手の人さし指を上に向けます。

5 ♪ したをむいて

両手の人さし指を下に向けます。

6 ♪ ○○はどこだ?

荷物を探すように、両手の人さし指をクルクルさせます。

・○○のところは、その日持ち帰るもの（例：帽子、タオル、上ばき、スモックなど）を入れましょう。
・歌詞の最後の「♪ぜんぶあるね」のところは、下のいずれかのポーズをしましょう。

（両手の人さし指をほおにあてて、スマイルポーズをします）

（両手を上に上げて、丸の形をつくります）

★ 週の最後の日などの、持ち帰る荷物の多いときに歌うといいでしょう。
★ 歌いながら、ひとつひとつ荷物を確認しましょう。

手・歌あそび

手・歌あそび

いちべえさんとごんべえさん

内容 「いちべえさん」と「ごんべえさん」のやり取りを表現するユーモラスな手あそびです。

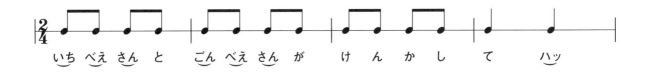

いちべえさんと ごんべえさんが けんかして ハッ

おってけ にげてけ おってけ にげてけ

あなにも ぐって あたまだしたら

ゴツン アイタタタタタタ こぶだらけ

わらべうた

1 ♪いちべえさんと

2 ♪ごんべえさんが

3 ♪けんかして

両手の人さし指を交互に打ちます。

4 ♪ハッ

びっくりした顔をします。

5 ♪おってけ

左手の人さし指を追いかけるように、右手の人さし指を動かします。

6 ♪にげてけ

5 と逆の動きをします。

7 ♪おってけ にげてけ

（ **5** 、 **6** と同じ動き）

8 ♪あなに もぐって

左手で輪をつくり、上から右手の人さし指を入れます。

9 ♪あたま だしたら

左手の輪の下から右手の人さし指を出します。

10 ♪ゴツン

左手をにぎり、右手の人さし指でたたきます。

11 ♪アイタタ タタタタ

両手で頭をおさえます。

12 ♪こぶだらけ

にぎった両手を下から上げて、頭の上でこぶをつくります。

あそびの 発展

★ 「いちべえさん」「ごんべえさん」のところを、たとえば「にへえさん」「よへえさん」などにアレンジしてもいいでしょう。

★ 「ハッ」とおどろくところは、大げさなポーズにすると楽しいでしょう。

手・歌あそび

手・歌あそび

パンパンパン

低年齢
向け

内容 「♪パンパン」の合いの手を入れながら、体のいろいろなところを触ります。

1. パン パン あたま　パン パン おしり　パン パン ほっぺ　いい おかお
2. パン パン おめめ　パン パン おはな　パン パン おくち　いい おかお
3. パン パン なきべそ　パン パン おこりんぼ　パン パン へんてこりん　いい おかお

作詞／作曲：不詳

あそびかた

歌詞の「♪パンパン」のところはすべて2回手をたたきます。

1番

1 ♪あたま

両手を頭にあてます。

2 ♪おしり

両手でおしりを触ります。

3 ♪ほっぺ

両手をほおにあてます。

4 ♪いい おかお

顔の横で両手を開き
「いいお顔」をします。

♪ おめめ

 ♪ おはな

7 ♪ おくち

8 ♪ いい おかお

両手の人さし指で
両目を指します。

両手の人さし指で
鼻を触ります。

両手の人さし指で
口を触ります。

（ **4** と同じ動き）

3番

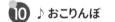 ♪ なきべそ

 ♪ おこりんぼ

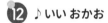 ♪ へんてこりん

12 ♪ いい おかお

（ **4** と同じ動き）

泣く真似をします。

怒る真似をします。

おもしろい顔をします。

あそびの 発展

「♪ おみみ」「♪ おっぱい」「♪ おへそ」など、歌詞と動作をいろいろアレンジしてやってみましょう。

手・歌あそび

おはなしゆびさん

低年齢
向け

内容 歌詞に合わせて両手の親指から小指までを、順番に近づけたり、離したりします。

1. こ の ゆ び パ パ	ふ とっ ちょ パ パ	やま あ やま あ やま あ やま あ やま あ
2. こ の ゆ び マ マ	や さし い マ マ	あ あ あ あ あ
3. こ の ゆ び にい さん	お おき い にい さん	お す お す お す
4. こ の ゆ び ねえ さん	お しゃれ な ねえ さん	あ ら あ ら あ ら あ
5. こ の ゆ び あかちゃん	よ ち よ ち あかちゃん	う ま う ま う ま う

わ は は は は は は	
ほ ほ ほ ほ ほ ほ ほ	お ー は な し
へ へ へ へ へ へ へ	
う ふ ふ ふ ふ ふ ふ	する
ぶ ぶ ぶ ぶ ぶ ぶ	

作詞：香山美子／作曲：湯山 昭

1 ♪ このゆびパパ

右手の親指を立てて前に出します。

2 ♪ ふとっちょパパ

左手の親指も立てて前に出します。

3 ♪ やあやあやあやあ

左右の親指をふりながら近づけます。

4 ♪ わはははははは

左右の親指をふりながら離します。

5 ♪ おはなし

離した左右の親指を近づけます。

6 ♪ する

左右の親指の先をくっつけます。

! 2番は人さし指、3番は中指、4番は薬指、5番は小指で **1**〜**6** と同じ動きをします。

手・歌あそび

型紙集

全体を原寸でコピーし、それから使用するイラストを切り取り、拡大コピーすると無駄なく使えます。
拡大したものに色をぬってご使用ください。

【みぎひだり巨大迷路】（P.16-17）

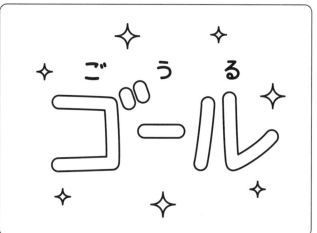

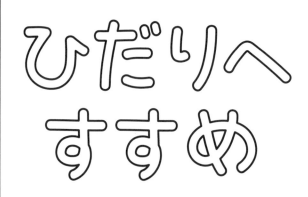

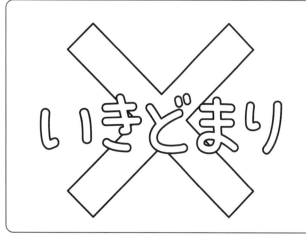

【ロパク伝言ゲーム】（P.56-57）

● りんご

● ピアノ

● シャボン玉

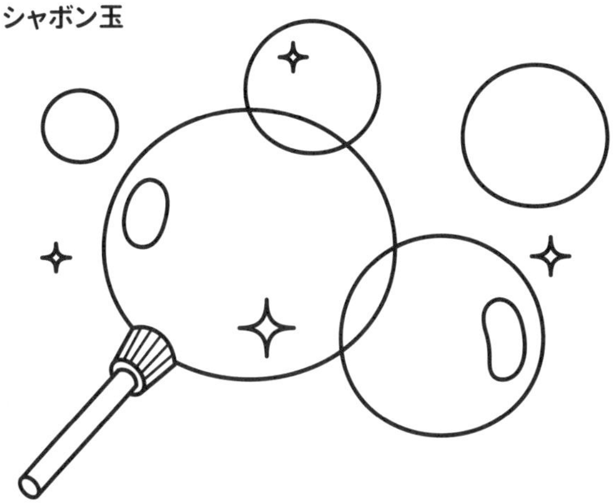

● ニワトリ

● ゴリラ

● ブランコ

【動物○×クイズ】（P.58-59）

● ○の札

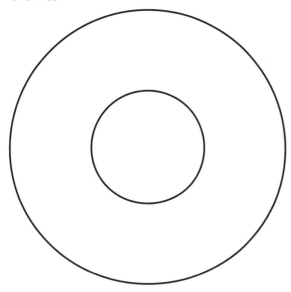

● ×の札

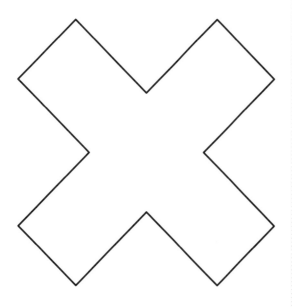

【お店並べ替え競争】（P.62-63）

● お店カード①〜③

● お店カード④〜⑤

【ファッションショー】（P.84-87）

● 服の模様

【忍者ごっこ】（P.88-93）

● しゅりけん

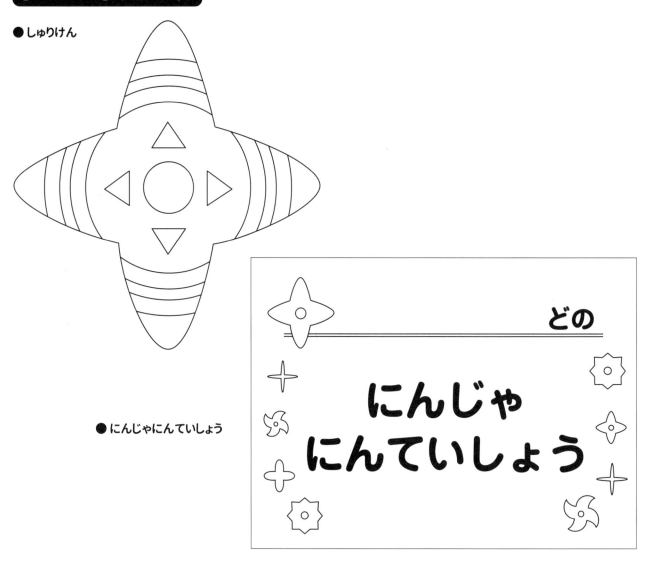

● にんじゃにんていしょう

どの

にんじゃ
にんていしょう

【どっちにしようかな】（P.102-103）

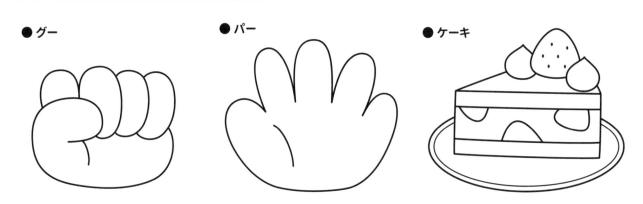

● グー　　　● パー　　　● ケーキ

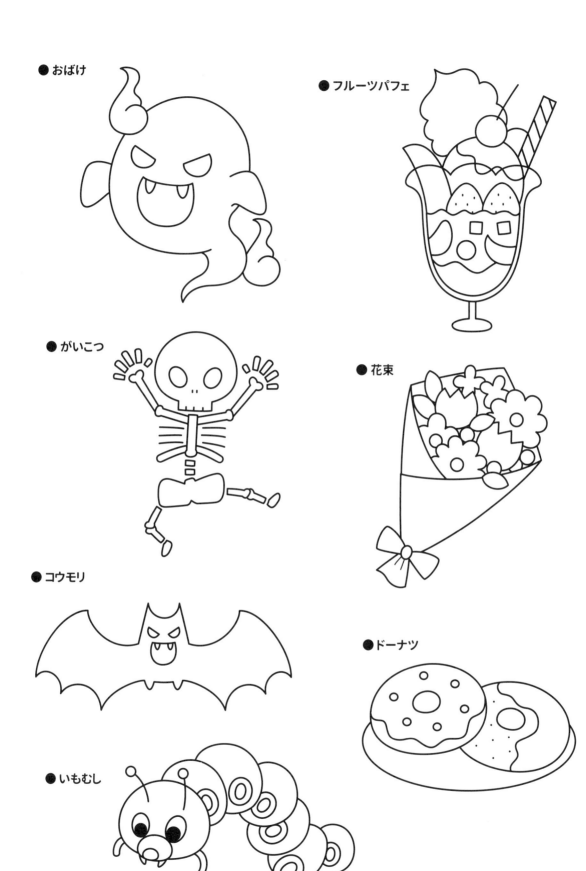

● おばけ

● フルーツパフェ

● がいこつ

● 花束

● コウモリ

● ドーナツ

● いもむし

● 編著者

井上 明美（いのうえ あけみ）

国立音楽大学教育音楽学科幼児教育専攻卒業。卒業後は、㈱ベネッセコーポレーション勤務。在籍中は、しまじろうのキャラクターでおなじみの『こどもちゃれんじ』の編集に創刊時より携わり、音楽コーナーを確立する。退職後は、音楽プロデューサー・編集者として、音楽ビデオ、CD、CDジャケット、書籍、月刊誌、教材など、さまざまな媒体の企画制作、編集に携わる。2000年に制作会社 アディインターナショナルを設立。主な業務は、教育・音楽・英語系の企画編集。同社代表取締役。http://www.ady.co.jp
同時に、アディミュージックスクールを主宰する。http://www.ady.co.jp/music-school
著書に、『まるっとシアターあそび BOOK』、『 日本の昔話で楽しむ劇あそび特選集』、『子どもがときめく 名曲&人気曲でリトミック』（いずれも自由現代社）、『脳と心を育む、親子のふれあい音楽あそびシリーズ』＜リズムあそび、音感あそび、声まね・音まねあそび、楽器づくり、音のゲームあそび＞（ヤマハミュージックエンタテインメント）他、多数。

● 情報提供

小林由利子　富澤くるみ　安達直美　海老沢紀子　野村容子

● 編集協力

アディインターナショナル／大門久美子　新田 操

● イラスト

太中トシヤ　イシグロフミカ　クボトモコ（表紙・本文）

たのしくできる！ **密にならずにみんなであそべる保育のネタ集** 　定価（本体 1400 円＋税）

編著者―――――井上明美（いのうえあけみ）
表紙デザイン――オングラフィクス
発行日―――――2021年 8 月30日　第1刷発行
　　　　　　　　2021年10月30日　第2刷発行
編集人―――――真崎利夫
発行人―――――竹村欣治
発売元―――――株式会社自由現代社
　　　　　　　　〒171-0033　東京都豊島区高田 3-10-10-5F
　　　　　　　　TEL03-5291-6221/FAX03-5291-2886
　　　　　　　　振替口座 00110-5-45925
ホームページ――http://www.j-gendai.co.jp

●本書で使用した楽曲は、内容・主旨に合わせたアレンジによって、原曲と異なる又は省略されている箇所がある場合がございます。予めご了承ください。
●無断転載、複製は固くお断りします。●万一、乱丁・落丁の際はお取り替え致します。